U0904853

云南百位历史名人传记丛书

中共云南省委宣传部◎编

出使琉球 萧崇业

朱端强◎著

云南出版集团

云南人民出版社

图书在版编目（CIP）数据

出使琉球——萧崇业 / 朱端强著. -- 昆明：云南人民出版社，2015.3
（云南百位历史名人传记丛书）
ISBN 978-7-222-11557-6

Ⅰ. ①出… Ⅱ. ①朱… Ⅲ. ①萧崇业（？ ~1588）- 传记 Ⅳ. ①K827=48

中国版本图书馆CIP数据核字(2014)第067638号

出 品 人：李　维
　　　　　刘大伟
责任编辑：冯　琰
装帧设计：马　滨
责任校对：解彩群
责任印制：马文杰

书名　出使琉球——萧崇业
作者　朱端强　著
出版　云南出版集团　云南人民出版社
发行　云南人民出版社
社址　昆明市环城西路609号
邮编　650034
网址　http://ynpress.yunshow.com
E-mail　ynrms@sina.com
开本　889mm×1194mm　1/32
印张　4.625
字数　90千
版次　2015年3月第1版第1次印刷
印刷　昆明卓林包装印刷有限公司
书号　ISBN 978-7-222-11557-6
定价　18.00元

如有图书质量及相关问题请与我社联系
审校部电话：0871-64164626　印制科电话：0871-64191534

云南百位历史名人传记丛书

编委会名单

总 序

丛书编委会

历史长河浩浩荡荡！中华文明自滥觞至汇聚千流，涵纳万水，奔腾迭起，云蒸霞蔚，延五千年之长史，至今生机勃然，是迄今世界上唯一保持完整且衍传有序、光耀于人类的伟大文明。

习近平总书记指出：一个国家、一个民族的强盛，总是以文化兴盛为支撑的。中华民族是具有非凡创造力的民族，我们创造了伟大的中华文明，实现中华民族伟大复兴的中国梦，必须弘扬中国精神。以爱国主义为核心的民族精神，以改革创新为核心的时代精神，是兴国之魂，强国之魂。

云南，是祖国西南神奇、美丽、富饶的宝地，是中华文明中极具特质和创造潜力的丰美之乡。云南少数民族文化是中华民族文化的重要瑰宝。长期以来，云南大地上，各民族和睦与共，相濡相生，共同创造了色彩瑰丽、形态多元、底蕴厚重、影响深远的历史文化，为我们留下了珍贵的精神遗产。人，是历史的镜子，是历史最生动的环节，人民是历史的主人和创造主体。在人类历史的进程中，一个个不同时期的代表人物产生过一些不同的影响。“云南百位历史名人传记丛书”就是这样一丛历史的记录，一百位历史名人，虽未必尽能概全，各位历史人物的代表性也不尽相同，但都是“追梦人”，是振兴民族伟大理想的传薪人、探索者和实践家。

在这些代表人物中，无论是拓土开疆的将帅勇者，还是蹈海酬志的大国使节；无论是志于传播文明的鸿儒巨擘、先哲贤士，还是为民族独立解放而高歌猛进、慷慨捐躯的群雄英杰，都贯注了这一重要精神。正是以他们为代表的云南各族人民创造并抒写了可歌可泣的英雄史章，熔铸了坚韧不拔、奋为人先、包容博大、敢于担当的精神品质，才使云南在中华文明的长史中闪耀着特有的光辉。尤在近代中国，在辛亥护国风云中，在反对外辱保卫祖国边疆维护民族尊严、抗击日本法西斯侵略中，云南站在历史前台，以中华群雄的不屈身影演出了一幕幕豪迈悲壮的历史大戏，也更涌现了一批足以彪炳史册、光照后人的杰出人物。这一切，给予中国历史进程深远的影响。

今天，实现中华民族伟大复兴之梦，谱写富民强滇中国梦的云南篇章，需要以中华文化发展繁荣为重要条件，这就需要接续这一光荣而伟大的精神传统，在继承中创新，在创新中发展，在发展中超越。云南正处于一个新的历史起点上，需要大力挖掘历史文化资源，聚合更强大的精神动力，为推动我省科学发展、和谐发展、跨越发展凝心聚力。为此，我们组织省内外专家学者编写出版了“云南百位历史名人传记丛书”。这对加强我省各族人民，尤其是青年一代对历史的了解、认同，爱国爱乡爱民并甘于奉献，对提升优秀精神品质，形成团结奋斗的共同的思想基础，坚定推进富民强滇的信心和决心，显然有着重要的现实意义和切实的助力。

一百位历史人物，所处历史时期并不相同，其历史作用也有差异，甚至就个人的全面历史评断方面也难以等量趋同。但我们以为这些留存史迹的人物，所以传扬至今，为后世崇奉，均有他们共同的历史向度和价值取向，我们学习这些历史人物，至少应当着重于以下几个大的方面，即：“守大德、重大义、集大成、有大度、达大观”。

守大德，即恪守道德规范。“德者，本也。”（《礼记·大学》）“大德”既是国家民族的根本利益所在，也是中国文化中最核心的价值理念及标准。古语“行德则兴，背德则崩”，不仅是资政经验，也是个人修习完善的根基。所谓“厚德载物”，直观的理解，就是如果德行浅薄，是不能兴物成事，更不能造就伟大功业的。云南历史文化名人，大多以德立身，大节不移，并对此恪守坚定，一以贯之；始终保持正确信念和理想，并为之奋斗到底。这是我们首先要学习尊崇的。

重大义，即以国家民族利益的需要为个人行为取舍的标准。有大义，才有大爱。这些先贤无不爱云南爱乡土，以兴业乡梓、造福一方为己任。尤在国家民族命运攸关、生死存亡的关头，这些令人崇敬的先辈，大义擎天，逢难不避，敢于担当，责无旁贷，勇往直前，不惧牺牲。一个心存天下大公的人总会在不经意的一瞬决定大义的选择，这是社会进步的希望所在，更何况实现中华复兴的伟大梦想，还有很多异常艰危的事业在等待我们去克难攻坚。所以，举凡大义、为民为国、全身而进的精神是我们应当效法崇尚的。

集大成，“知类通达，强立而不反，谓之大成”。这些历史人物留下的足迹，予人深刻启迪。他们无论是出将入相，还是布衣一袭，均勤学不辍，求索不止，在追求真理和知识的道路上刻苦务实，义无反顾，永无终期，故能成大器，胜大任，不辱使命。今天，世界进入知识信息时代，软硬实力决定一个国家能否赢得发展机遇，乃至自立于强国之列的地位。其紧迫性不亚于先辈梦想中国富强的百年期许。但今天所谓“集大成”，是更高更大更具有生存挑战性和发展战略性的，是集世界之“大成”，集政治经济、科技文化、制度建设、社会发展等一切领域“总成”，玉成中国梦的空前伟大的事业。所以，先人刻苦自律、博学精进的学习精神我们应当秉持继承。

有大度，即要有开放包容的胸怀。云南历史文化名人的一个共通品质，也是一个显著特点就是，即使身处僻远，总能破除狭隘与陋见，以宏大度量，兼容并包，接纳先进，吸收优异，团结一切可以团结的力量，聚合一切可以聚合的资源，总成一股创造历史的宏大动力，来完成伟大的事业。哪怕是割股舍已，也在所不惜。今天，云南要实现跨越式发展，保持开放包容的胸怀尤其重要。所以，先辈“天下云南”的大度我们应当弘扬光大。

达大观，即要眼观天下，达察全局，与时俱进，审时知变，敢为人先。推动云南社会历史进步的代表人物，无不目光远大，胸怀全局，对世界潮流、时代嬗变，都能审视洞悉，并欣然顺应规律，故能在历史转折的关键时刻做出正确选择，成就改天换地的一番伟业。古语有“小智自私”、“达人大观”，是将为个人谋私的小智谋与担当天下兴亡的大智慧尖锐对比而言的。否则，“其兴也勃焉，其亡也忽焉”。一个为民为国而应用心智的人，必然有达观天下的心怀，也由此激发潜能、超迈寻常，而使人生境界也更加美好而宏丽。遍观世界文明史，许多影响人类进步的伟大创新，正是以此为动力和起点的。今天，中国经济社会的快速发展，国家的日益强大，正为实现中华民族伟大复兴的中国梦开拓了无限广阔的道路，也为个人实现自身价值创造着更加富实的前景。所以，先辈们达观天下的精神我们应当引为楷模。

我们对志向高远、仰观天下、俯察民情、甘为路石、慨当以慷、求真务实的历史名人，心存景仰，并愿与千千万万的读者，尤其是青年朋友一道学习弘扬。

组织编撰“云南百位历史名人传记丛书”是一项重要的文化工程，编撰出版人员都做出了艰苦的努力，但由于众手修书，书稿层次不一，成书体例难以做到完全一致，对存在的不足敬请读者批评指正，我们将虚心接受，并在修订再版时一并吸纳修改完善。

卷首语

明代，云南相继出现了三位杰出的外交家和航海家。

永乐朝，郑和率大型船队，七次远涉重洋，联络三十余国，到达非洲东岸。航海伟业，举世公认。言者甚众，兹不赘述。

万历朝，萧崇业主动请缨，拜为国家册封正使，率团出使琉球，劈波斩浪，两次遇险，封王却金，不辱使命。他的高风亮节，长留异国他乡，载入国家史册！他高瞻远瞩，纵论海权，呼吁加强外交，确保中华民族的生存和发展空间。他提醒后人说，如果国家无视海疆，使臣不擅外交，则“耕织也许会荒废；战争和杀戮也许会出现；边民惊恐，百姓遭殃，各种暴行和边患也许会不断产生”①。

崇祯朝，杨抡拜为国家册封副使。他与正使杜三策受命于危难之际，冒险出使琉球。他们航经钓鱼岛，用准确的文字重申了中国东部海疆之所在：中琉两国的分界在古米山（岛）。钓鱼岛及其附属岛屿，则纯属中国内海的岛礁。他们自古以来就是中国的孩子、华夏的名字！杨抡一行还给琉球君民带去了未雨绸缪、提防倭寇侵略的警告！

清代，云南著名史学家师范特别关注这三位国家大使。他在自己的史书《滇系》中首先为郑和立《传》，辑录萧崇业《神道碑》，钩沉杨抡事迹。为什么郑和、萧崇业和杨抡会相继涌现边远的云南？为什么历史上会不断涌现性格忠耿、敢于担纲的滇人？师范认为，“盖宇内山水半发源于滇。如木有根干，故其钟于人，率多纯笃而挺拔”②！

山水相依，山河相伴，山海相连！

云南的崇山峻岭，与祖国的千山万水紧紧相连，与祖国的江河湖海息息相通。巍巍大山，拔地而起，刚毅坚卓，它赋予滇人朴实无华、敢于担当的精神；发源于深山峡谷的涓涓细流，汇成江河，一路坎坷，一路向前，它赋予滇人不屈不挠、奔向大海的决心和勇气……

目录 // MULU

◆ 走出云南

◆ 国家大使

◆ 琉球封王

目录// MULU

走出云南

他在边陲的军营中长大，
从秀才到翰林，
历兵部至工部。
人品正直，
官德崇高，
赢得了百官同僚的敬重。

祖籍上元

古代，众多滇人的祖先从相对发达的中原、江淮地区被迫“充军”云南，来到他们从未见过的崇山峻岭之间，来到他们从未经历过的所谓“蛮瘴之地”。强制的命令和千山万水切断了他们和老家的联系。尽管他们当时就知道，眼前的云南的确还远比内地落后。但是，云南绮丽的风光、温暖的气候和淳朴的民风，又渐渐使他们真心爱上了这块神奇的土地。此后，彩云之南便成为他们努力开垦建设的新家园，三迤大地便成为他们世代生息繁衍的第二故乡。

迁滇移民以明代最多，估计有好几百万人。所以，他们的到来和繁衍，一举改变了云南原先“夷多汉少”的人口结构。几代以后的移民后裔虽然都变成了“云南人”，但他们的子孙总是依稀记得一句传自祖先的老话——“我们是从南京应天府柳树湾来的哟！”

所谓“南京应天府”，就是明朝前期的首都，就是天子所在的圣地，就相当于后来儿歌所唱“我爱北京天安门”一样的神圣！事实上，未必所有云南移民的祖先都是从首都迁来，但这句话，却反映出云南移民后裔们骄傲的历史记忆，更反映出他们的子孙希望摆脱落后、向往先进的积极心态。

然而，他们当时要重新走出云南又谈何容易！

和众多滇人一样，萧崇业的祖籍是江苏上元县，也就是今天南京市的白下区一带。据唯一存留至今的萧崇业的墓志文记载说，明太祖朱元璋当政之初，上元县有一个名叫萧九成的穷人。他的母亲应募进入南京城里的皇宫，做太子的乳娘。皇宫里的规矩自然很多，很严。九成的母亲不知犯了什么宫禁，一家人连同宫中的一个名叫“郤”的宦官，一起惨遭处罚，充军“云南临安卫”，来到了今天云南的建水县，变成了滇人。四代以后，崇业的父亲称“颐庵公”，仍然只是一个很普通的人。后来是因为崇业的显贵，才按制度以崇业的官衔追封他为“太仆卿”；崇业的母亲戎氏也按制追封为“恭人”。但这只不过是一种荣誉称号而已。[③]

崇业的籍贯有时被记为“临安卫”，即今天的建水县；

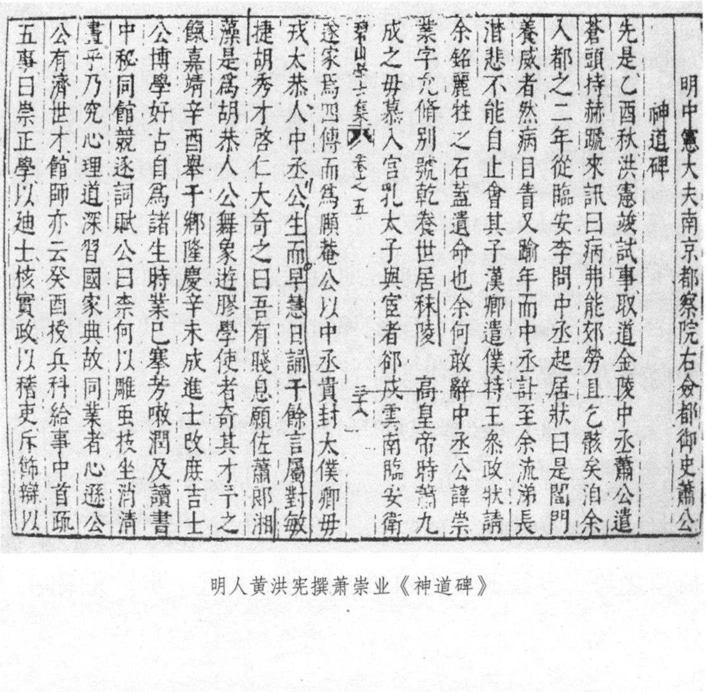

明中憲大夫南京都察院右僉都御史蕭公
神道碑
先是乙酉秋洪憲竣試事取道金陵中丞蕭公遣
蒼頭持赫蹏來訊曰病弗能郊勞且乞骸矣洎余
入都之二年從臨安李問中丞起居狀曰是闔門
養威者然病目眚又踰年而中丞訃至余流涕長
潸悲不能自止會其子漢卿遣僕持王參政狀請
余銘麗牲之石蓋遺命也余何敢辭中丞公諱崇
業字允脩別號乾養世居秣陵 高皇帝時諱九
成之母慕入宮乳太子與宦者郤戍雲南臨安衛
碧山學士集 卷之五
遂家焉四傳而爲頤菴公以中丞貴封太僕卿母
戎太恭人中丞公生而早慧日誦千餘言屬對敏
捷胡秀才啓仁大奇之曰吾有騃息願佐蕭郎湘
藻是爲胡恭人公舞象遊膠學使者奇其才予之
餼嘉靖辛酉舉于鄉隆慶辛未成進士改庶吉士
公博學好古自爲諸生時業已搴芳漱潤及讀書
中秘同館競逐詞賦公曰柰何以雕蟲技坐消清
晝乎乃究心理道深習國家典故同業者心遜公
公有濟世才館師亦云癸酉授兵科給事中首疏
五事曰崇正學以廸士核實政以稽吏斥飾辯以

明人黄洪宪撰萧崇业《神道碑》

有时又被记为“蒙自新安所”，即今天的蒙自县新安所镇。这又是怎么回事呢？

原来“临安卫”设置于洪武十五年（1382），总机关在今天的建水县城。按明朝军卫编制，卫下设所，临安卫又分设左、右、中、前、后五个千户所（一说左、右、中、前、后、中左六个千户所）。④它们分布在今天云南的建水、石屏、通海、开远、玉溪、华宁一带。这些军卫将士，一边当兵守边，一边开荒种地。按当时的政策，他们的子孙也世袭为“军籍”，不得随便离开自己的戍地，也不得随便改变他们军卫的“出身”。最初的军卫子弟和娼优等所谓“贱业”子弟一样，不得参加科举考试。后来才渐渐改变了这一不合理的政策。

临安五卫之外的蒙自县一带，原本属于更加落后的“阿僰蛮”居住的地方。元朝时内附中央王朝，设立“舍资千户所”，但仍然具有相对的独立性。明初也基本上沿袭了这一行政格局。即，蒙自县城由土知县禄氏世袭管控；县城东南至马关、麻栗坡一带，由土官那氏管控，编为“安南长官司”。由于这一地区地近交趾（今越南北部），土酋杂据，极不利于社会安定和对外交通，所以，明中央和云南地方当局一直希望改变这种状况。

洪熙年间，云南当局首先在蒙自县东南郊区一个名叫“梨花旧市”的地方，设立准军事机构——栅门，以“民兵”一千多人驻防，使它和“临安官军相兼守备”，互为犄角之势。宣德五年（1430）五月，又进一步扩大编制，将梨花市栅门升格为“临安卫中右千户所”，由“民兵”协防改为正规军驻守。此后，原本驻屯临安卫的军户们就开始陆续从建水、石屏、通海一带迁往蒙自屯戍。我们把

明朝蒙自新安所城城门遗址

这种情况称为云南的“第二次移民”。

正德七年（1512）至八年（1513），蒙自地区发生了一起震惊中央的恶性叛乱。

先是安南长官司土官那代残杀蒙自土知府禄仁，又勾结地方军政人员姚黼、陈寿、郑凤等人，包庇此事。那代一伙仗势焚劫村寨，阻断交通，杀人越货，无恶不作！明中央下令坚决镇压了这一土官和流官相互勾结的动乱，

"擒（那）代，诏凌迟处死。其党坐斩者四十五人。徒流及没入为（官）奴者，又百九十余人。（姚）黼、（陈）寿、（郑）凤皆发边卫充军"⑤。为进一步杜绝后患，明中央果断决定，"革蒙自土官，改'安南长官司'为'新安守御千户所'，调临安卫中所官军戍之"⑥。正德十二年（1517），在梨花市栅门的基础上专门修筑了新安守御千户所御城。从此以后，"梨花旧市"便改称"新安所"了。顾名思义，"新安"二字，即取"新近设立"之义。

新安守御千户所不同于一般卫属千户所。它们是因为某种特殊目的而设立的军事单位，其行政级别便与"卫"相同，直属云南最高军事机关"都指挥司"管理，只是人员要少于"卫"，而且大多是从原设卫所中抽调而来的官兵。"新安所"的军户大多来自"临安卫中所"，也就是今天建水一带的屯军。

萧崇业家究竟何时迁到蒙自新安所已无从考证，但他算是从外省迁来云南的第五代移民。崇业虽然生长在蒙自新安所，但是，按叶落归根的古老风俗，他去世之后，又归葬萧家的祖坟——建水县白鹤山（铺）。所以，文献记载他是今天建水县或蒙自县的人，都是各有道理的。

"一条枪"里长大的孩子

如果萧崇业家只是普通的军户，那他就应当在蒙自新安所军卫宿舍"一条枪"狭窄的住所里长大成人。所谓

“一条枪”，是明朝新安所军户住所的俗称，一代一代地传到今天。残存不多的“一条枪”至今还可供参观，它们也是明朝云南军屯和移民历史最珍贵的遗迹。

“一条枪”的外立面

修筑于正德十二年（1517）的新安所城，原本只是一座驻扎军队的城镇。为了防卫安全，它一开始就建有坚固的城墙。迄今为止，城中的主要街道名叫“扎下街”，取军队“扎下”之意。此外，“御远街”“永安街”“南屯街”等等，都与当时的城门名称和军屯活动直接相关。城内还残存着当年千户所长官的“千户衙门”，城外有练兵的“校场”，山上有众多外省籍军人的坟墓。更为重要的是，由于城墙拆除较晚，所以，还较为真实而清晰地展示着当年军卫的住所和艰难的生活状况。

“一条枪”军营从南到北面临“扎下街”排列。每户门面一律宽三米左右，相当于古代一条标枪或长矛的长度，故此传下名来。东、西两排“一条枪”的门面一律临街相对，十分整齐。每一条“枪”的隔墙或用土坯砌成，或用夯土筑成，厚四十厘米左右。原本每一条“枪”就是一家军户。进门之后，一边是居室，面积约十平方米；一边是通道，宽约一米。通道的顶上开一洞小小的天窗，用来通风和采光。这种由通道和居室连成的“单元房”，一律向房后延伸，细长细长的，形同深深的坑道。

为什么要建成这样奇怪的“房子”呢？

“一条枪”内部结构示意图

据笔者早年实地调查和研究，当地老人介绍说，原来营建之初，就规定了每一军户住所的宽度，长约“一条枪”。最初迁调来新安所的只是单身的士兵，所以，只能分给他们每人一居室带一通道的“单元房”。类似今天未婚青年住的集体宿舍。往后人丁增加，需要新建居室，但这时已不可能再向左右和前边拓展了。因为，前面是扎下街，左、右两边是战友的“家”，只能向自己的屋后加盖和延伸。这样一来，就自然形成向屋后纵深发展的一间间“单元房”。据笔者统计，直到1995年，纵深长几十米、多达七八套“单元房”的“一条枪”还残存有十三条。当时还有人居住哩！

“一条枪”兼具军事防卫和人居生活的双重功能。每一条“枪”的后墙无门（据说原来只有枪眼），临街的前门很窄，易守难攻，且“枪”“枪”相对，每条“枪”

启闭安全，各条“枪”之间又便于联系和调动。

不难理解，当时，在盗匪横行的边防地区，新安所修筑这样的住所是非常科学和实用的。⑦

萧崇业从小就生长在这种规范、简陋的军营里。他在这里玩耍，在这里读书学习。严酷、刻板的军营生活也许从小培养了他坚强、执着的个性；普通军户艰难的生活，使他养成了克勤克俭、仁民爱物的工作和生活作风。但和祖辈迥然不同的是，狭窄低矮的“一条枪”并没有锁定他倔强的人生。崇业没有按明朝规定军户之子就应当一辈子住在“一条枪”里，早出晚归，当兵种地。相反，他却按照明朝的另一条规定设计自己未来的人生，那就是读书考试，脱离军籍，走出“一条枪”，走出云南。不难想象，这对于一个普通军户的孩子又是何等的艰难！

据载，萧崇业，字允修，号乾养。他自幼“早慧”，记性特别好，能“日诵千言”。口才也非常不错，“属对敏捷”，用今天的话说，就是无论对句还是和别人说话，他都非常灵敏，反应特快，但他说话语调舒缓，不慌不忙，表情沉稳。长大之后，崇业身材高大，皮肤白净，健壮伟岸，仪表堂堂。他的性格也非常豪爽，喜欢和朋友们一块儿饮酒，高兴时酒量还不小，专爱拣大杯豪饮。他说起话来，既庄重又略带诙谐，却总不会失去必要的准则和典雅。这样看来，崇业还真是一位天生的外交官哩！

崇业的品貌和才气深深地吸引了一个名叫胡启仁的秀才。他主动到萧家提亲说：“我有一个女儿，愿意嫁给萧郎，助他成才。”萧家和崇业便同意了这门婚事。婚后，胡小姐为崇业生下一个独儿子，名叫萧汉卿。她自己也因为丈夫的伟业被封为“恭人”。那是后话，按下不表。

射策入仕

萧崇业早期的读书情况记载不详。他或许受教于家庭，或许就学于私塾，或许在新安所军卫的学校里读书。但无论如何，按照明朝科举制度的基本规定，他必须首先取得“秀才”资格，才有望继续深造和考试，才可能走出狭窄的“一条枪”。

明清时期的秀才考试，称为“童试”或“进学考”。无论你年龄多大，通过考试之前只能称为“儒童”或“童生”，类似今天的“学龄前儿童”。只有通过“童试”之后，才能免除劳役和赋税，进入政府设立的各级学校读书，享受“助学金”，称为秀才、生员或诸生。军户子弟和民户一样，考中秀才之后，就算有了初级“功名”。

明清临安府学政考棚遗址

童试首先要通过考生所属县

（州）、府两级初试，例由地方官主持。然后集中到所属府里参加由行省“学政”（相当于今天省教育厅厅长）主持的“院试”。合格后才算取得秀才资格。云南各府童试录取的人数和比例不尽相同，但大体不会超过百分之二。院试由学政巡回各府主持，史称“出棚”或“案临”。

明清云南贡院考场一角

滇南临安府的院试就在今天的建水县城举行。这时规定，军民良家子弟都可以一体参加考试。考场称“学政考棚”，所幸明朝临安府的“学政考棚”今天还存有遗址。我们仍然可以感受到它昔日的威严。毫无疑问，崇业当年就必须在这里参加秀才的资格考试。

据载，崇业年约十五岁，古人称为“舞象之年”，就顺利通过了“童试”，但具体时间不详。或由于院试表现突出，云南学政把他视为“奇才”，按制度让他进入地方官学读书，享受一定的生活补贴。崇业成为秀才后，就初步脱离了世袭的"军籍",迈出了改变自己命运的第一步!

但是,"在读秀才"还没有做官的资格,崇业只有继续努力学习,再通过每年一次的"岁考"和相当于今天毕业考的"科考",才能参加三年一科的"乡试",也就是全省选拔"举人"的考试。嘉靖四十年(1561)八月,崇业从临安府来到省城昆明参加乡试。乡试例在省城贡院里考试。明清两朝,云南贡院就在今天的云南大学。

乡试由皇帝临时点派外省籍考官前来主持。每科参加考试的秀才多达数千人,而取录比例只是百分之一至二。崇业中举,名列第二。举人虽已属于缙绅阶层,可以参加国家低级官吏的选考,但命中率很低。而且举人即便今后做了大官,也因为资历和出身不及"进士",在士林和官场很不体面。所以,崇业和大多数举人一样,还必须继续努力,力争考中进士,才算有出息。按官吏选任的回避制度,才可能冠冕堂皇地走出云南,到外地去做官。

张居正画像

进士考试包括"会试"和"殿试",是全国性统考。前者由礼部主持;后者理论上由皇帝主持。三年一科,例在京城举行。由各省取得举人资格的人参加竞争。崇业考中举人之后十年，即隆庆五年（1571），才最后考中进士。其间，他究竟是没有按时进京参加会试，还是考而未中？都不见于记载。

隆庆五年（1571）的会试按纪年称为“辛未科会试”，它是著名政治家张居正改革之初举行的一次重要考试。事实证明，这科考中的不少人才对明朝中后期的政治和历史发生过重要的影响。所以，这科会试的主考官就是内阁大学士张居正本人。他一共出了三道涉关当时政治改革的问答题。按照明朝科举考试的惯例，他还事先拟出了参考答案，即所谓《辛未会试程策》：

第一题问的是，为什么《易经》要说“君臣关系的和谐才能使国泰民安”？针对明中叶以来皇帝长期不见朝臣的懈政情况，张居正希望考生们能呼吁皇帝带头恢复明初“召对之典”，勤政理事，积极和群臣共商国是。

辛未會試程策一二三

問易之泰曰天地交而萬物通也上下交而其志同也言泰者固在君臣相與間矣夫泰之時和氣洽而理道昌一有壅閼不足爲泰在昔明君良臣相與開泰於先保泰於後者用何道歟君臣遇合蓋古以爲難而胡以交歟唐虞三代尚矣漢而下有講經論理夜分乃寐者有制諫官随宰相入議政事者有降手詔給筆札者有請輪侍從直宿以待宣召者亦庶幾所謂交泰歟

張太岳文集 卷之十六 一

张居正拟辛未科会试“参考答案”

第二题问的是，我们究竟是应该“法（学习）先王”，还是“法后王”？这也是当年王安石变法所遇到的政治命题之一。但放在明朝来回答这一问题却并不容易。因为，明朝自太祖朱元璋定制以来，朝野上下就素有“恪守祖制”的强大舆论！所以，“正确”的答案当然是“法先王”。然而，和所有力主改革的政治家一样，张居正则反对复古倒退，他希望考生支持自己的主张，“法制无常，近民为要；古今异势，便俗为宜”。但又不能公开违反“祖制”，反对“法先王”。他希望考生能巧妙地将朱元璋排在汉唐圣君之后，岂不就可以顺理成章地提出“法后王”的意见了吗？

第三题问的是，什么叫“英雄豪杰”？针对当时的人才需要，张居正要求考生明白，真正的英雄豪杰要建功立业，应该“严乎内外，审于施应，既不沾沾以自喜，亦不汲汲以从时”，用今天的话说，既不骄傲自大，也不随波逐流。⑧

这科一共取中三百九十名进士，状元是张元忭。其中云南只考中十人，萧崇业列在三甲第二百二十四名。虽然我们已经无法看到崇业当时究竟怎样答题，但他显然必须符合张居正所拟《辛未会试程策》的思想。我们从萧崇业后来的言行中看到，他的许多政治见解也的确和上述张居正的观点非常一致！

按科举旧习，崇业和这科所有的进士都是张居正取中的“门生”。射策入仕之后，他们理应特别尊重和服从自己的恩师，但事实却并非如此。后来，包括崇业在内的不少杰出的“辛未科”进士，虽然支持张居正利国利民的改革，但并不一味盲从自己的老师，甚至有时还敢于公开批评张居正的错误。

考中进士后，崇业又按制度参加了这科“庶吉士”的选考。

庶吉士是科举最高级别的考试。明清科考制度规定，新科进士除一甲三名，即状元、榜眼、探花不必再参加庶吉士选考，可以直接进入翰林院当官；二甲和三甲进士都必须参加考试。考试合格者再进入翰林院所属“庶常馆”，继续学习深造。考试不合格的就分发各地充当七品芝麻官。和此前各级考试制度不同，庶吉士考选没有地区和名额分配的规定。所以，庶吉士考中的多少，最能反映出一个地区科举考试的高层水平如何，也无疑体现的是考生个人的才学。

明朝庶吉士的录取率很低，大约是百分之五。云南开科取士较晚，每科考取进士的人数也很少。如洪武至宣德四朝五十多年，共参与文科会试八科，只考取十个进士。进士少，庶吉士当然也就更少了。据不完全统计，终明一朝，云南总共考中庶吉士十三人。而崇业之前，只考取过杨荣、李元阳等六人。[⑨]

这科庶吉士考选的主考官仍然是张居正。作文题目是《贵志论》，诗题是《翰林读书言怀》五言古诗一首。近四百人参加竞争，只考中三十人。云南参加考试的十名新进士，只考取崇业一人。[⑩]庶吉士进入翰林院，俗称“点翰林”。翰林院是储才之所，也是国家最高参政和文秘机关，藏有许多珍贵的图书和档案。但庶吉士在馆的主要任务还是读书深造，还要接受资深大臣的讲课和测验，史称“教习庶吉士”。

崇业从秀才时起就博学多才，特别是章辞之学一向深受老师宿儒的赞赏。不料，进入庶常馆后，每天被“教习”的东西并不新鲜，测验的内容依然是诸如《拟正风气疏》之类的“公文格式”。崇业认为，翰林院应当培养能为国家建功立业的人才，而不是只会吟诗作对的迂腐之儒。现在，他每天看着同馆的翰林们在一起争辞斗句、舞文弄墨，觉得非常无聊。他常常感慨地说：“大丈夫岂能每天只靠玩弄章辞、比赛雕虫小技度日呢？”于是，他便潜心于人伦物理和国家制度的学习与研究。同学和老师都觉得他颇有济世才志。

万历元年（1573）五月，崇业的庶吉士学习期满，参加“散馆”考试。按制，考试成绩最好的就继续留在翰林院，授予编修、检讨、侍讲、侍读等官职，成为皇帝身边或内阁的高级文秘；成绩稍差的则分发中央各部门工作；成绩最差的照旧外放各地，从芝麻官做起。由此推知，崇业“散馆”考试的成绩并不十分理想。因为“散馆”考试之后，他和同学李盛春、漆彬等十人并没有留在翰林院，而是被分发到中央各部工作。崇业被分派到兵部，担任“兵科给事中”⑪。

不难理解，崇业的人生轨迹表明，自进入翰林院后，他读书治学的兴趣早已从过去的“章辞之学”转向了“经世致用”之学。崇业走出云南的目的，也不是为了做大官，而是要干大事。现在，他终于走出了世代居住的低矮的“一条枪”，走出了蒙自，走出了云南。更为重要的是，正值明朝政治改革的风口浪尖，崇业从边远的云南走进了国家政治斗争旋涡的中心——北京。

国之诤臣

“给事中”属于言谏监察类官，先秦以来就有了。最初他们主要是负责供最高统治者顾问应对，所谓“拾遗补阙”。汉唐以后逐渐由“散官”变为额设正员，地位和权力也在逐渐增大。明朝为了进一步加强皇权，将给事中的权力扩大到前所未有的程度。给事中先后隶属“承敕监”和“通政使司”，后来又分设于中央六部，坐部办公，统称“六科给事中”。

万历皇帝画像

明朝的六科给事中虽说官阶只是“从七品”，但监察的权力却很大。他们对六部奏章掌有“封驳”的大权，也就是说，凡是六部上上下下的政策文件，他们都有权过问，有权反对。同时，作为监察官，除分部办公之外，他们也具有纠劾百官、检讨国策、规劝君主的职责。又因为给事中是皇帝的近侍和耳目，所以，他们同时也具有代表国家出使外国、传达皇令的特别资格。

尽管封建专制国家也懂得必须对权力进行监督与制约，理论上也一贯赋予监察官匡正国策、反腐倡廉的权力，但是，在皇权至上、官官相护的社会，监察制度又是最难有效运作的一种制度，监察官也就自然是最最难当的一种官了！于是，古往今来，奸诈的监察官往往知法犯法，互相攻击，结党营私，紊乱朝纲；圆滑的监察官又往往尸位素餐，遇事打马过桥，装聋卖哑。但也有不少忠耿、正直的监察官，他们往往不顾个人安危，只认死理，坚持原则，敢说真话，为了天下苍生和国家利益，甚至不惜付出宝贵的生命。

萧崇业就属于这种忠耿、正直的监察官。

崇业到任之时，万历皇帝尚属无知少儿，国家大权任由皇帝的老师、内阁首辅大臣张居正和宦官冯保等人实际操控。张居正是一个言行矛盾的政治家和改革家。他一方面大力推进改革，整顿吏治，知人善任。特别是实行“一条鞭法”，推行以赋税为核心的经济改革，使国库渐丰，内外安宁，功不可没。但另一方面，他又是一个善于以权谋私，不避个人享乐腐化的官僚。当他大权在握之时，朝野上下颂扬之声往往高于批评之声。

崇业全靠自己的本事，从云南基层军卫之家一路考入京城。又在翰林院庶常馆学习深造了三年，自然非常熟悉国家上上下下所存在的实际问题。万历元年（1573）八月，刚刚到任的崇业，通过调查和思考，就首先提出五条建议。这五条建议其实已经超越了兵部固有的职掌范围，是针对当时整个社会的不良风气所提出的总体批判——

第一是“崇正学以迪士”，即端正学风，以此引导全国读书人奋发向上。第二是“核实政以稽吏”，即提倡务实行政，严格考核官吏，整顿吏治。第三是“斥饰辩以求言”，即重视言路，反对和取缔某些诡辩油滑、空洞无用的言行，提倡讲真话，说实话。第四是“缉阴讦以维风”，即惩治阴谋暗算、互相攻击的官场恶习，树立正派的社会风气。第五是“禁侈糜以敦俗”，即严禁铺张浪费，提倡朴实民风。可以说，这五条建议针针见血，无不切中万历初年朝野上下实际存在的弊端。大家都认为是“深知治体”的真知灼见。⑫

不久，应天巡抚张佳胤上报安庆“皖军哗变”的处理结论。安庆（今安徽安庆市）为长江要塞、明朝陪都应天府的门户，驻有水陆军队。明朝实行军屯自养制度，边远地区的军卫占有较多土地，生活自然不成问题。但内地军卫所占土地非常有限，常常无法自养自给。明朝中晚期，随着日益严重的土地兼并和军纪废弛，内地下层军卫士兵的生活也日益困难，有的士兵每月的津贴只有九钱银子。所以隆庆、万历两朝就常常发生士兵哗变。⑬

隆庆六年（1572），由于安庆通判王应桂克扣军粮，使得生活本来就困难的士兵更加难以忍受。于是，安庆二百多名士兵在张志学、吴锡、马应祥的率领下聚众哗变。他们攻入安庆城，打杀官吏，抢劫财物。应天巡抚张佳胤和新任安庆知府查志隆等残酷地镇压了这次哗变。万历元年（1573）张佳胤上书朝廷，并未如实汇报和分析皖军哗变的原因，却"以别项赃私朦胧轻重"⑭，谎称吴锡、马应祥等本是"江洋大盗……法所不赦"，活该坚决镇压。还竭力为滥杀无辜、欺诈军卫的知府查志隆、王应桂等人评功摆好。由于张佳胤毕竟平息了这次哗变，"维稳"有功，所以谁也不敢多说。

军卫家庭出身的萧崇业，打小就深知卫所之弊和士兵之苦。他通过调查分析，经由都察院上书皇帝，反驳了张佳胤居功自傲、"欺蔽"朝廷的报告，揭发出这次事变的真相，是因为"王应桂克扣军粮"所致，顿时使朝廷内外一片肃然！于是，万历皇帝不得不下诏"着再从公据实问拟具奏"，重新调查此事。经张居正等人再度审理皖军哗变的经过和张佳胤的报告，最终确认，崇业所劾事实不错。遂将张佳胤改官南京鸿胪寺。⑮

万历三年（1575）二月，崇业从兵科普通给事中升任工科右给事中，同年七月，又升为工科左给事中。按制，左、右给事中是给事中的副长官。这时，京城内外突然看见太阳四周出现了红黑色的云气，古人称之为"祲"。大家认为，"祲"的出现，乃是一种不吉祥的"妖氛"，是上天怪罪人间政治风气不清的兆头。崇业认为，这正是警告最高统治者的大好机会。于是他又进一步上书提出六条意见——“荐举主流社会之外的贤达人士；任用作风正直的官吏；巩固国家的根本；缉拿奸狡的坏人；辨白过去的冤假错案；抚慰苦难无助的民众”。应当指出，这些建议也是张居正当时希望改革的主要内容。

不久，崇业又从工科左给事中转为户科左给事中。这时，他又碰上了“泇河之议”。

泇河位于山东境内。明朝以前只是东、西两条小河，可以连通运河和黄河。由于黄河经常决堤，导致运河所借黄河河段也不时断流或淤塞，漕运因此中断。嘉靖六年（1527），大臣胡世安等首先提出增开泇河，以代替运河中的黄河借道。次年（1528年）正月，总理河漕大臣盛应期曾主持开挖了一年，由于这一工程费时且耗资巨大，因有人坚决反对而停工。隆庆初年，经山东巡抚朱衡、总理河漕大臣翁大立等人的努力，又重新启动，完成了第一期工程。北起鱼台、南阳（今山东南阳湖东北），南达今苏北沛县、留城，全长一百四十多里，史称“南阳新河”。但是新河存在的问题也仍然不少。⑯

崇业到户部任职后，正值黄河决堤，黄河和淮河同时泛滥成灾。总理河漕大臣傅希挚提出继续加快完成泇河工程；而直隶巡按御史舒鳌、给事中李涞、河漕尚书吴桂芳等人则提出重新开凿草湾、洋麻、石垯等新的出海口，“以备淮、黄之冲”，以此尽快疏导洪水。崇业认为，后者是一个不切实际的工程。他上书反对说，当前国库空虚，民生凋敝，过去开挖泇河就已经造成一些遗留问题。现在又要重新开挖新河出海，“若两役并兴，驰骛不足，顾尾失首，非计也”，这无异于节外生枝、雪上加霜。倒不如专心致志地继续完成泇河工程，“宜待泇河告竣，淮、扬稍稍安集，乃可徐图耳”⑰。

事实证明，崇业的上述建议是完全正确的。后来，泇河工程在治水专家潘季驯等人领导下，继续进行。前后历时三十多年，直到万历三十二年（1604）才大功告成。泇河工程全长二百多里，北起夏镇（今山东微山），南行至江苏邳州直河口，注入黄河。比过去的黄河借道整整缩短了一百多里，使“（漕）运不借（黄）河”，极大地避免了洪水对漕运的破坏，成为明朝最为成功的标志性水利工程之一。⑱

驿传系统原本是明朝为国家公务活动设置的“公交系统”。明初定制，“自京师达于四方设有驿传”，专供全国官吏因公出差、外国及少数民族地区朝贡人员免费使用。在南京和北京两城分别设有“会同馆”，作为总枢纽。外地各交通线上设有“水马驿”，配有马匹、车辆和夫役，负责接待、运送来往人员。公差人员按不同等级享受交通和伙食待遇。但必须“勘验明白”，确系因公和专线来往，“不许往来街市，交接闲人”⑲。但事实和今天的许多制度一样，很难保证所有官吏都奉公守法。时间一长，越来越多的“国家公务员”假公济私，巧立名目，不但自己和亲朋好友都设法免费坐公车，办私事，而且还利用驿传，大量贩运私货，牟取暴利。乃至嘉靖、万历时期，“驿政”的腐败已经成为必须改革的一大弊政！

张居正掌权后，便下令整顿驿政，规定所有官员非奉公出差均不得使用驿站，违者“参究处分”。这就包括一些难于界定的公私活动，比如，官吏的父母去世，按礼俗务必“回籍丁忧”，官吏“告假”的起复往返，等等。更为矛盾和严重的是，张居正本人就没有带头执行好这一禁令。他家的仆役，甚至亲友的仆人都可以任意使用公家的车马船只。他本人回籍葬父，乘坐三十三人抬着的豪华大轿，轿内还设有卧室和客厅，简直类似今天的总统专机或专列！此外，张居正所到之处，沿途驿站的地方官、藩王等都必须迎送招待。如此侈华的排场又岂止于扰民？！

万历三年（1575）九月，针对张居正有嘴说别人无心管自己的“改革”，崇业上书反对“一刀切”的驿站禁令。他首先指出“一命半通，谁非王臣”，无论官大官小，都是国家的“公务员”！如果驿传一律不为之提供膳食、旅舍，“非以体群臣也”，就没有体现国家对臣僚工作应有的关怀。他特别提到，这对于言谏之官必须随时四处奔走调查的特殊工作尤其不利。其次，他认为过于苛刻的立法其实是很难真正持久执行的。再次，他提出了切实可行的改进办法：建议认真计算和落实公差人数的职名等，不可以笼统地“阳夺阴予”——表面上公开禁止大家使用驿传，而暗中又特许某些人违规！造成“下掠美而上不见恩”——制定禁令的人博得执法严格的虚荣，而皇帝和国家却失去了对广大人臣应有的恩典。矛头当然是直指张居正的！

张居正显然对此议非常不满。于是，他以皇帝之口下专旨斥责崇业说：

> 你身为监察之官，朝廷的耳目，应该以通达民间隐情、维护政府法令为己任。你既然知道这项改革当中有隐瞒欺诈的地方，就应当据实奏报。但你却如此笼统地反对改革，污蔑朝廷不体谅群臣，还特别提到不利于言谏之官的出行。难道驿政改革只是使你们这些言谏之官感到不方便吗？难道国家设立驿传只是为了迎送你们这些言谏之官吗？你萧崇业结党徇私，只为某些职官说话，公然违抗改革法令，本当从重治罪。现在姑且从宽发落，扣去你半年的薪俸。⑳

张居正之所以“从轻”处分崇业，实在是因为自己觉得崇业说的并不全错。所以，在这道“圣旨”后边又完全吸收了崇业的建议，圣旨最后特别强调说“凡公差人役，实填职名，不准假借”！但是，这一事件和后来的事实证明，如果这时的崇业还要继续坚持忠于职守，不断上书言事，批评朝政，他也许会较早地招来更为沉重的打击！然而，就在此时，一项特殊的外交使命不期而至，使崇业暂时离开了这个是非之地。

这得先从琉球（今日本冲绳）的故事讲起。

国家大使

他主动请缨，
踏浪出使海国。
他说：身为国家官吏，
或死于直谏；或死于差遣。
七尺男儿的事业，
开弓岂有回头箭！

琉球请封

琉球与中国大陆东南沿海各省一海相通，又南连中国台湾，东北与日本九州相望。海路可达泰国、越南、马六甲等国。其海上交通、商业贸易和战略地位都十分重要。隋朝曾派使者朱宽去琉球考察，朱宽见该地由若干小岛组成，形同一条无角的虬龙游于大海之中，故始称其“琉虬”。中国古代有的史书也将其记为“流球”“瑠求”“榴球”或“中山”等。明代以后，则统一记称“琉球”或“中山”。㉑

据载，远古的琉球有一男一女，生于大荒之中，他们自成夫妻，生下三男二女。长男即为“天孙氏”，后来

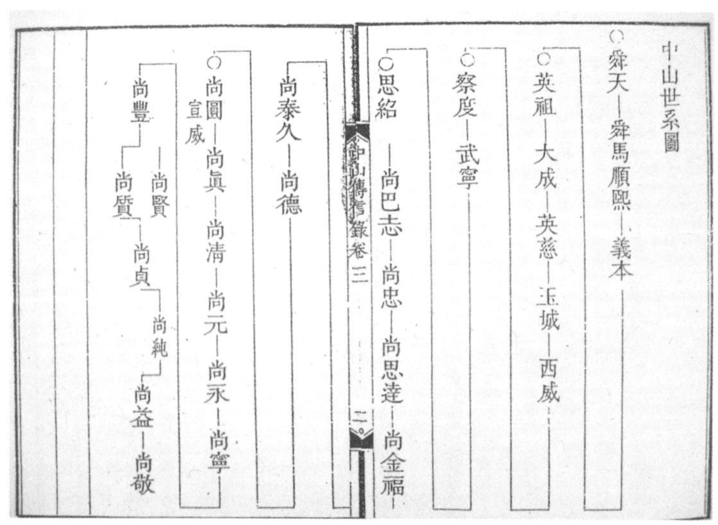
中山世系圖
○舜天—舜馬順熙—義本
○英祖—大成—英慈—玉城—西威
○察度—武寧
○思紹—尚巴志—尚忠—尚思達—尚金福
中山傳信錄卷三 二
尚泰久—尚德
○尚圓 宣威—尚眞—尚淸—尚元—尚永—尚寧
尚豐—尚賢
尚質—尚貞—尚純—尚益—尚敬

琉球中山王世系图

被奉为琉球的第一代国君；二男是琉球诸侯的始祖；三男是琉球百姓的始祖。长女名叫“君君”，二女名叫“祝祝”。她俩同为国家的守护神：君君是天神，祝祝是海神。[22]

琉球自古是一个独立的国家。它一直与中国保持着密切的联系。自唐宋以来，我国在福建和广东沿海等重要口岸设立“市舶司”或“市舶提举司”之类的机关，负责管理外交和通商。其中，先后设在泉州和福州的市舶司就主要管理琉球、日本、朝鲜等国的外交通商。市舶司之下设有“进贡厂”“柔远驿”等事务机关。特别是明清时期，因琉球国朝贡频繁，福州市舶司的柔远驿因专门接待琉球贡使，民间就把它称为“琉球馆”，其遗址至今犹在。[23]

元末明初，琉球三王——山北、山南和中山发生争战。中山王察度藩附明朝，统一琉球。同时，进一步加强了同中国的亲藩贡赐关系。历代中山王的承袭必须得到中国中央王朝的册封。这种宗藩关系一直维系到清末。由于当时清朝国势衰败，外交失策，日本才乘机强逼琉球脱离中国，“废藩置县”，强行将“琉球”改为“冲绳”。那是后话。

明朝是中、琉两国关系最友好、交往最频繁的时期。

明初，由于种种原因，朝廷虽然一度执行海禁，但却对琉球一直保持着友好交往，堪称特例。据载，洪武一朝，曾先后派杨载、梁民等六人四次出使琉球。明太祖朱元璋赐琉球王为二品官秩[24]，颁赐《大统历法》，使琉球纪年与中国统一，尊奉明朝正朔。同时，琉球中山王察度也曾派弟弟泰期奉表入明廷，进贡方物，正式成为明朝的藩臣。永乐朝，先后派边信、周彝等六人五次出使琉球。此后，琉球朝贡大体按制度保持两年一次；而中国皇帝对琉球新王的册封制度也一直延续，从未间断。

从洪武二十五年（1392）开始，琉球还不断派遣王族官宦子弟、官学生到中国最高学府国子监读书学习。[25]学习时间一般为五年，其间，明廷还给予各种生活补贴。通过不断来华学习，琉球“夷习稍变”，改变了原本落后的风气。[26]琉球人留学中国的制度一直延续到清朝。康熙二十三年（1684），北京国子监设立“琉球官学”，专门为该国培养人才。学制三年，在读学生的一切费用完全由中国承担。

琉球虽然是一个海岛国家，但是，迄于明代，其造船和航海技术都远远落后于中国。最初，琉球的贡船和航海技工多由中国提供。洪武二十五年（1392）左右，为了帮助琉球提高航海技术，明太祖朱元璋“赐善操舟者三十六姓”迁居琉球。经后人考订，琉球之蔡、郑、林、金、梁、红、陈等族姓，即为这时迁入琉球的闽广人家。此后，万历时期，又将福建漳州、龙溪一带的王立思、阮国、毛国鼎等人补入“三十六姓”之中。

移入琉球的中国人大多聚居在久米村。由于琉球人仰慕唐朝，故久米村又称“唐荣”或“唐营”，即“中国村”。明清时期，久米村人一直与福建沿海保持着密切的来往。他们大多从事航海、外交、翻译等与朝贡有关的工作。他们将中国先进的生产技术、优良的农产品和中华文化传到了琉球。[27]

册封琉球是一项隆重的国家级外交大典。洪武、永乐朝册封使多为内监，也就是皇帝身边的宦官充当。从宣德朝开始改用廷臣。一般情况是从监察官“六科给事中”或传达皇命的“行人司”中选派，因为他们都属于皇帝的近臣。使臣例为正、副二人。无论其原来的官阶如何，一旦任为册封大使，即荣称“钦差大臣”。他们除了带去中央王朝赐封琉球国王的法律文本、印章冠冕和珍贵礼品之外，也自然会带去大量先进的生产工具、生活物资和文化用品等。同时，作为答谢和礼节，琉球国也会定期向中央王朝进贡些硫磺、良马、海产等土特产。更为重要的是，封贡期间，双方人员还可以在一定范围和规模内进行商品自由贸易。

但是，从古代到近代，中国从未在琉球驻过一兵一卒，两国之间也从未发生过任何战争。

隆庆六年（1572），中山王尚元驾薨。他的第二子尚永以世子监国。尚永生于嘉靖三十一年（1552），父王去世时刚满二十岁。万历元年（1573），尚永遣使来华，请求明中央派员到琉球正式册封他为中山王。明廷礼部下令先由福建镇巡官到该国对此事进行“查勘”，主要是落实尚永与尚元的父子关系是否真实，琉球人是否拥护世子尚永继承王位，等等，相当于今天的“干部考察”。

万历二年（1574）十二月，琉球国特派王舅马中叟、长使郑佑等十八人携带表文、方物来华，恭祝万历皇帝登基。明廷设宴款待马中叟一行，并回赐彩缎等礼物。万历三年（1575）琉球国两次遣使入贡。万历四年（1576），琉球国又派遣正议大史蔡朝器等人来华贡献方物，再次敦请册封事宜。明廷除按制给予回赐外，还格外赏给该国使臣肥鹅、米面、果酒等生活物品，以示优待。同年九月，经福建地方官反复核实，确认世子尚永为先王尚元之子不误，自监国以来，他也颇得琉球民众的爱戴，礼当册封为王。

明清时期琉球中山王画像

按明朝制度，册封琉球并不是一件简单的事情，必须提前做好各种准备。首先是在六科给事中和行人司中确定正、副两位册封大使。然后再由册封大使前往沿海某港口，监造两艘专门用于出使海国的“封舟”（又称“封船”）。同时，还要配备各种航海人员、文化随从、武装军卫、仪器礼品和生活物资等等。一般造船和准备工作大约需要一至两年时间。

出使琉球要漂洋过海，又无疑是一项特别危险和艰苦的差事！据载，明朝初年，由于使琉的“封舟”经常在海上遇难，所以“封舟”上不得不特别放置两口棺材。如果遇上不可抗拒的风浪，行将翻船遇难之际，就要尽快把两位大使活活地放入棺材内！棺前刻上“天朝使臣某某之柩”，再钉上若干值钱的银牌，任其漂泊。希望有人见到后能将大使好好埋葬。但是，见到这类棺材的人，往往是“取其银物而弃其柩于山崖”，只收银钱不收尸骨！为此，明廷曾一度停止渡海册封，改为两国在中国沿海某一港口见面，交换册封文件。但这对于中琉两国而言，毕竟有失庄重和礼节。[28]特别是琉球国，他们一再朝贡请封，争的就是这一隆重的大礼！

“痴人”担纲

万历四年（1576）册封琉球的诏书下达之后，并没有立即得到有关部门的积极响应。六科给事中外加行人司行人也不下于数十号人，但大家都心知肚明，出使琉球和出使朝鲜、越南等陆路相连的国家毕竟不一样。它必须远涉重洋，凶吉难卜。而少数足不出户的书呆子又并不知道“琉球”为何物，只因害怕差役之苦，劳而无功，故不屑为之。所以，一时之间，大家都纷纷寻找各种借口来回避或推脱此事。

这时，萧崇业却毅然主动请缨，愿意担纲此任，前往琉球！

大家知道后，便纷纷议论开来，说他未免太愚蠢憨直；抑或是为了逃避自己目前因为反对张居正被处罚的尴尬处境。[29]但崇业却并不以为然，他反而自命为“句町痴人”，所谓“句町”是故乡滇南一带的古国名。他以文学作品汉赋的形式，假托与“镜机子”其人的对话，深入阐述了自己请命航海、献身外交的高远之志——

句町痴人我将奉命出使中山国，有一位“镜机子”先生突然严肃来访。

他对我说：“春秋时宁俞其人，一心为主，奋不顾身，但人们都说他太愚蠢；西汉时大臣汲黯，喜欢直谏君主，是非分明，人们都说他很鲁莽。我看先生您相貌和乐，行为通达，不蠢不笨，为何要自称‘痴人’，总要有个说法嘛？何况海上多风浪，它们怕是不会为您安然地驾车前往琉球吧！”

痴人我先是长久无语，随后莞尔一笑。

因答道：“我来自云南边疆，没有什么心计。岂敢和以上两位贤达的古人相比？我只不过是从体验物理和时事出发，才决定请命出使。我名为‘痴人’，当然自有道理。我认为，聪明人欺诈争胜，互相倾轧；老实人则依理而行。但结果往往是老实人战胜聪明人。圆滑者喜欢媚俗；阿谀者随声附和；耿直者则愿意保持美德，不随便起哄。那是因为他们不会媚俗和阿谀奉承，并不是因为他们比别人痴呆啊！”

痴人我接着说：“现在国家要人臣出使琉球，人臣岂有违令的道理？不料猥琐的小人把这件事视如牢狱之灾；无知者又认为这不过是区区小事，不屑为之。于是，他们各呈其说，花言巧语，都不过是远离实际情况的不同托辞罢了。痴人我不善于见机行事，所以就主动遵制，请命出使。于是，大家都说我不会巧言推辞，讥笑我太愚蠢了。”

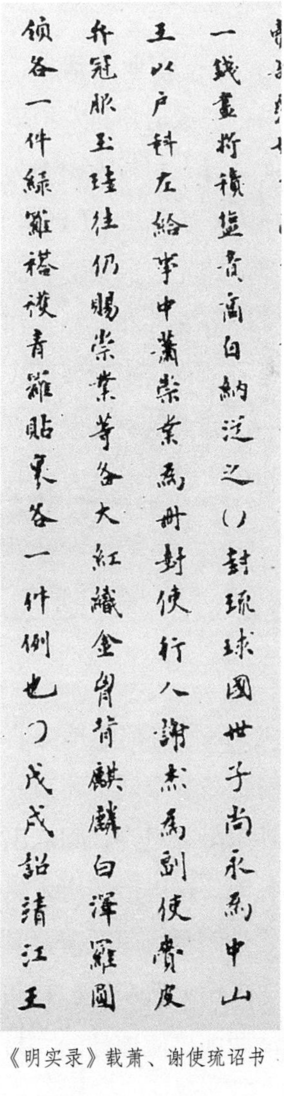
[illegible]封琉球國世子尚永爲中山王以户科左給事中蕭崇業爲册封使行人謝杰爲副使賚皮弁冠服玉珪往仍賜崇業等各大紅織金胸背麒麟白澤羅圓領各一件緑羅褡護青羅貼裏各一件例也○戊戌詔靖江王

《明实录》载萧、谢使琉诏书

痴人我最后坚定地说：“我们既然担任国家的谏官和使臣，就可能死于直言进谏，或者死于差遣外交。这两种死都无非是死。更何况男儿已经决定的事业，有如离弦之箭，一旦开弓，岂有回头之理？痴人我如果害怕去征服那茫茫的大海，还算一个七尺男儿吗？！”

“镜机子”先生被我的决心所感动！他因说道：“您如此的执著，我们又岂能随便指责您的决心！您真是一位恪尽职守的老实人啊！但当今社会，人事浇薄。航海比登天还难，您又怎样去得到帮助您远航琉球的大船呢……”[30]

万历四年（1576）九月初九日，根据崇业的请求，万历皇帝正式下达了册封琉球的诏书：“派遣户科左给事中萧崇业为册封琉球国中山王的正使、行人司行人谢杰为册封副使”。谢杰，字汉甫，福建长乐人。万历二年（1574）进士。皇帝着令他们提前准备好祭奠琉球先王的祭文、册封琉球新王及王妃的诏书、皮弁、玉珪等文件和礼品。作为国家重要使节和钦差大臣，皇帝又特别赐给崇业麒麟衣一套，赐给谢杰白泽衣一套，均为一二品大臣的礼服和冠带。九月十一日，令其前往福建，和福广总督等地方官共同监造“封舟”，然后启程出航。[31]

福建造船

萧崇业、谢杰奉命来到福建，按诏令与福建地方官共同监造“封舟”。造船定在福建南台岛（今属福州市仓山区）船厂。南台船厂位于福州城外东南二里许，闽江出海口，乘船可通达省内外以至海外各国。这里造船历史悠久，早在宋朝就设有官办船厂。明代是南台造船的黄金时代，洪武二十年（1387），官府在河口设立造船厂。郑和七下西洋也曾在此造船或修船。明清两朝出使琉球的“封舟”大多在此制造。

南台造船技术精良。明初，中国赐给琉球的“海舟”，也大多由南台制造。后来，让他们自备材料到南台来造船。南台高超的造船技术传入琉球，改变了琉球“缚竹为筏”的原始造船和航海状态，使之逐渐成为以“海舶行商为业”的海上贸易中转国。

由福建南台制造的远洋海船统称“福船”。它堪称当时世界上最先进、最坚固的海船。作为“封舟”的海船，体形高大，装饰豪华，配备齐全。这当然需要花费大量钱财，这些钱财也大多要由福建人民承担。为了减轻百姓的负担，崇业和谢杰商定，这次出使，他们两人同乘一舟，只需打造一条船就够了。从此以后，使琉封舟就以一船为定制！同时，过去造船的许多材料、人工都是用行政命令强行摊派，崇业决定，这次一律采用“平贾”购买的方法。这不但减轻了民众的负担，而且也提高了大家的积极性。崇业仁民爱物的做法，得到福建官民的一致感戴！[32]

造船首先需要大量优质木材。尤其是三种关键的木料：一是制作船底的龙骨木，需要沉重耐泡的松木；二是用来制作船舵的木头，必须是坚韧耐扭的铁力木；三是制造桅杆的木头，需要轻直的杉木。由于长年为军队制造战船，当地人自己也不断造船，这些优质木料在当时的南台附近已经找不到了。特别是制造桅杆的合格杉树究竟长在何处，因为当地人自己的需要，他们往往隐瞒不报。此外，还需要大量的桐油、铁钉、荒铁（制铁锚）、麻绳等等。

当然，更为重要的是，还需要找到技术精良的造船技师和工匠。

崇业在福建地方官的配合下，首先在福建延平县（今福建南平）的大山中找到了制造龙骨的松木，长约五丈二尺。在福建寿宁（今福建宁德）山中找到了制造桅杆的杉木，一共五根。最长的一根约为八丈，但不幸的是，当地某豪强想隐瞒此树，据为己用，竟故意将它锯短了六寸！由于时间紧迫，也只好将就使用了。最后，又从广东的深山中找到了制造船舵的铁力木。其他大木则采自闽西北建宁（今福建建宁）的深山老林之中。

从建宁将这些大木运到南台船厂非常不易。据副使谢杰记载，主要靠沿途大量乡民分段负责搬运，"木过一乡，即以一乡之夫拽之，隔一程，有夫来换，前夫即遣归。二程、三程以后皆然……则一乡用夫三四百名，十乡即三四千名。所经府县似有十万之众"。同时，还从遥远的四川采来制造船体、船舱的大大小小、长长短短的特殊木竹材料；从各处运来铸造铁锚的铁锭、棕绳、铁钉、麻线、桐油、油漆等材料。其中，尤其是对铁钉的质量要求很高，必须用上等钢铁锻打而成。据谢杰记载，他们特意从闽中尤溪（今福建三明）购来，价钱也比别处高出一倍。这样，打造封舟的材料才大体备齐。[33]

经地方官和老船工的推荐，通过认真考核，崇业按"取其能，不责其素，用其长，不较其短"的用人原则，组成了造船班子。由福建海防同知周某，福建卫指挥邢端，漳州卫指挥覃显宗、陈震，闽县县丞陈邦靖等人主管行政事务；由建宁卫指挥仲世臣、姚一新，吏目危民怀，典史郑金士等人主管木材的采购和运输；通判周铎、张震等人主管经费收支。

总管封舟制造的大工匠是福建人，名叫何细二。其余工匠全部由“河口匠”和“漳泉匠”组成。据崇业记载，“河口匠”指福州一带的造船技工，他们很善于掌握尺度，封舟“出坞浮水俱有成规”，但比较保守，“不能斟酌时宜”，而且用料也比较草率。“漳泉匠”是来自漳州和泉州的造船技工，他们“善择木料，讲求质量”，但是往往做工“粗枝大叶，自信必胜而不能委曲细腻，以求其精”。崇业把他们聚在一起，“弃短取长而两用之”。两伙工匠在崇业的统领下，互相商量，互相学习，并没有发生矛盾而影响工作。

协助工匠的小工也是经过反复检验而确定的。过去参加造舟的小工都是从船厂的“铺夫”中雇来，他们熟悉造船工作。但这次地方官一度改用海军中的“机兵”。和“铺夫”相比，“机兵”并不十分熟悉造船工作。甚至还有来自“市井轻佻之徒，不谙土木，匠不称能”，他们不过是利用关系想到船厂来混点工钱而已。这些人因为和地方官吏沾亲带故，一开始就不听使唤。崇业发现后，坚决将他们解雇，仍然像过去一样雇用“铺夫”。这虽然耽误了一些造船的时间，但也是使“舟则坚致牢固”的重要保证之一。[34]

崇业和大家认真查阅了前人关于封舟制造的有关技术参数，决定这次基本上按照嘉靖三十八年（1559）郭汝霖、李际春出使琉球时乘坐的封舟制造。他们访问了从前的造船者和当地的航海人，计算好工程费用和进度。一切准备就绪，就开始了封舟的制造。据崇业记载，造船开始时，还雇用了不少当地的黎族民工哩！[35]

万历五年（1577）秋，封舟“定艕”。所谓“艕”就是封舟底部的龙骨。“定艕”之后，船的整体框架就此确定。所以，封舟“定艕”也是造船工程的重要当口。崇业、谢杰和福建地方官一起来到船厂。但不幸的是，大家突然发现新造封舟的龙骨出现了裂缝！这当然不行，于是崇业决定重新替换龙骨的木料。于是又重新从福建延平山中找到了坚实的松木，返工重来。可见崇业非常重视造船的质量。

万历六年（1578）初，封舟终于全部造好。一艘崭新的海船呈现在我们眼前。

据载，封舟是典型的“福船”。尖底，船体修长，便于减少阻力，破浪而行。全长十四丈五尺，宽二丈九尺，入水深一丈八尺。船体用铁钉、麻线、桐油层层加固。装有主舵、尾舵和边舵，主舵长约三丈一尺。树立五根长短不一的桅杆，主桅高约八尺，可以灵巧地张挂五面风帆，受风面积大，能从不同角度获得不同方向的动力。此外，还配备了三十六副大橹，以便无风时使用。船上装有铁锚四个，重约五千斤。用粗壮的棕绳系住，绳长百丈，以利泊船时使用。船体两边各挂一只小划艇，用于封舟靠岸时运送行李或机动使用。

船舱共五层。顶层叫作“飞屋”，用于观望气候、风向和海路。“飞屋”之下是上层船舱。漆为红色，雕有花纹。舱内安放着明朝皇帝颁赐琉球国的诏书、祭文、冠带、印信、礼品等。还设有祭祀天妃的神龛。中层船舱是船员和一般乘客的“生活区”，有两个装淡水的大柜，可储备五六百斤淡水。此外，还存放着米粮、蔬菜、柴火、餐饮器乃至咸菜、调料等生活用具和物资。中层船舱还设有“司针密室”，装有指南针。这里是封舟的指挥中心，昼夜必须点着灯。“室中有孔与舵相对”，便于“伙长”发令，指挥舵手行船。“针左则舵左；针右则舵右”，舵手必须服从司针者。船底便是压有重物的双层密封舱。整

明清时期出使琉球的封舟图

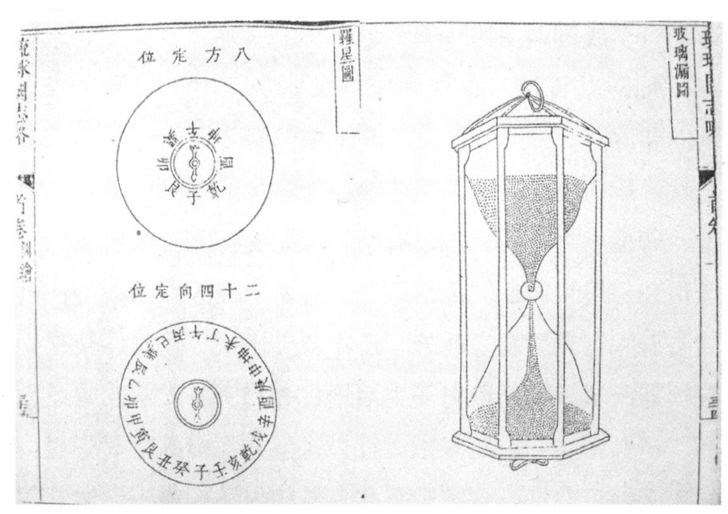

封舟使用的计时器和罗盘方位图

个船体用白、黄、红三色上漆。甲板四周和桅杆上还装饰着五色彩旗和幔帐，它们迎风飞扬，使封舟更显高大庄重，气派雄壮！

封舟造好，接下来就是选择“过海”的技术人员。崇业按“博访而公择”的方法，严格选用航海者。先令福建地方官陈孔成等“各举其尤者”，推荐出自己认为最优秀的航海者，然后，再请该航海者的本籍地方官进一步“核实以应”。最后，崇业等再当面挑选，“壮健便捷者留之；脆弱颓疲者汰之”。同时，规定“过海人数皆任有职役，如无事而空行者辄汰除之”，不允许与航海和册封无关的闲杂人等混入。根据这次航海和册封活动的需要，封舟“过海”总人数为四百人左右。比嘉靖三十八年（1559）的封舟减少了一百多人。

“过海”技术员工总计一百四十七名。掌管罗盘的“伙长”是何国清、周时风、李国传、魏通。均为公认的最优秀的航海专家，除了特别善于“看针”的漳州人外，也有福州和定海人。后来的事实证明，他们分别在自己熟悉的洋面起到了关键作用。舵工十六名，必须日夜轮班掌舵。掌管泊船下锚的“头碇舟师”八名，掌管风帆樯桅的“班手”十四名；掌管水火旗缨的“总甲”十七名，掌管帆绳的“缭手”十七名，指挥摇橹的“橹头”十八名，“车手”二十九名，管理小划艇的四名，负责升降帆篷、摇橹划桨的“听用民梢”二十名。这些技工绝大多数也选自福建漳州，次为福州。此外，还专门从钦天监（中央天文台）请来了观风测云的“天文生”蔡锦；配备了负责外交礼仪和翻译的“通事”冯玺、陈邦秀、冯炳，负责医疗卫生的医生何继熙等等。㊱

“过海”的其他人员首先是军卫。为防卫和打击海盗、倭寇的侵扰，船上配有全副武装的士兵，装备着戈、矛、刀、剑、盾、铁甲、头盔、弓箭等冷兵器以及当时最先进的热武器！如佛朗机铳、鸟铳、碗口铳、袖铳、鸟嘴火枪和火药等。崇业规定，这些武器不到万不得已，不许使有！所谓“备而不用，事完仍归有司”。其次是用于册封大典的仪仗队和乐舞队；用于祭祀的礼器和礼师；用于文艺表演的侏儒和小丑；用于日常生活的厨师、裁缝和占卜者；用于文化交流的诗人、画家、刻工、写手、棋手和笔墨纸张等等。堪称应有尽有，非常齐全。㊲同时，按明朝政策规定，在编的“过海”人员每人可以携带“行李百斛”，实指中国货物，到琉球自由交易。[38]

造船前后历时两年左右。原来预计要花费白银二千五百两，由于崇业和谢杰厉行节约，又杜绝了奸商墨吏“以丑恶之物相欺”，钱都花在了刀刃上。所以最后只用去白银一千八百两左右，比过去节省了七百两左右的经费。

梅花开洋

封舟启航史称“开洋”。按制度规定，每次“开洋”，琉球国都必须派员到中国，随封舟“引航”。一是出于外交礼节；二是因为他们比中国人更熟悉琉球洋面的海路。但是，这次由琉球派来引航的“夷船”被“逆风打入别港”，未能按时到达福建，所以，崇业等只好请示明廷，决定延期到万历七年（1579）“开洋”出发。

万历七年（1579）五月，由琉球国正议大夫梁灿率领的引航“夷船”终于来到了福建，一共三十人。大家商定，于五月初六日先将封舟驶出南台旺崎船厂。崇业、谢杰一行则于初十日从福州城乘车出发，准备次日抵达长乐祭海起航。然而，好事多磨，就在这时，封舟又出了问题，差点不能出海！原来，南台船厂到长乐这段水路，过去一向是由闽县派人前来引航，因为他们最熟悉这段水路。但这次因为新委任了两位所谓“造船指挥”，便改由他们二人引航。不料当封舟将要进入港口时，突然触礁搁浅，只好停船检修。

崇业和谢杰连忙请来当地老乡帮助查看。老乡一上船就问谢杰，这船吃水多深？谢杰回答说，船深一丈八。老乡急忙叫先把船开到深水区再说！原来这里水深只是一丈四尺，因为海潮尚未退尽，所以还暂时没事。如果海潮全部退去，封舟必将搁浅而遭到更大的损坏！封舟驶出危险区后，检查的结果是撞坏了四个密封舱。有人认为此舟已不能出海，建议以盐船或战舰代替。但经验丰富的老乡则认为不必换船，封舟经认真修理后仍然可以远航。崇业和谢杰采纳了老乡的意见。㊴

五月十五日，按使琉惯例，崇业一行来到长乐县文石乡广石庙，举行盛大的祭祀天妃的仪式。福建地方大员们也一同参加了隆重的祭祀典礼。

崇业等到达长乐前，供奉天妃的广石庙因年久失修，长乐县官绅曾请求崇业这次能赞助些经费，帮助修庙，得到崇业的同意。四月，广石庙修葺落成，崇业应邀为之撰文纪念。崇业在文中指出，尽管各地所供奉的天妃形貌各异，其真实情况有待考证，但是，自隆庆以来，“国家弛通番之禁”，浙江、福建、广东等沿海民众又开始公开出海谋生，这当然是大好事。崇业指出，出没风波的航海人在无助的情况下，虽然需要得到天妃的保佑，但是，航海之力最终还得靠人而不是神！㊵

天妃即妈祖。她是中国沿海乃至东南亚其他海岛国家共同祭祀的海神。郑和下西洋等重大海事活动，都举行过祭祀妈祖的仪式，以求她保佑航船一帆风顺。这次祭祀是以万历皇帝的名义进行的，所以，崇业等代表皇帝宣读了《谕祭祈海神文》和《谕祭报海神文》。《谕祭祈海神文》曰：

皇帝特派户科给事中萧崇业为正使、行人司行人谢杰为副使，前来广石庙祭奠海神：这次出使海邦琉球，颁布封王诏书，航海安全，全靠神佑。所以，我命令两位使臣代表我，虔诚地向您祈祷，请求您保佑大家平安无事！[41]

祭罢海神，就等待顺风起航了。根据当时去往琉球季风的基本规律，“去必孟夏以西南风；来必季秋以东北风”。万历七年（1579）五月二十二日傍晚，风潮正顺，适合出海。于是，崇业等令封舟缓缓驶入梅花洋港口。梅花洋又称“梅花所”，位于长乐县东北（今长乐市梅花镇），突出海中，三面临海，与连江县“定海所”相对。当年郑和下西洋也曾在这里开洋出海。崇业一行乘车前往港口。福建大小官吏、士绅民众夹道相送，沿途一路敲锣打鼓，丝竹齐鸣，场面非常热闹。崇业有诗为证：

月吐青山倚舰楼，为驰王事渡仙舟。
槎随博望从今日，雨罢扶桑定晚秋。
舱外云飞星欲动，洋中涛起地俱浮。

遥知天路行应远，记得君平说斗牛。[42]

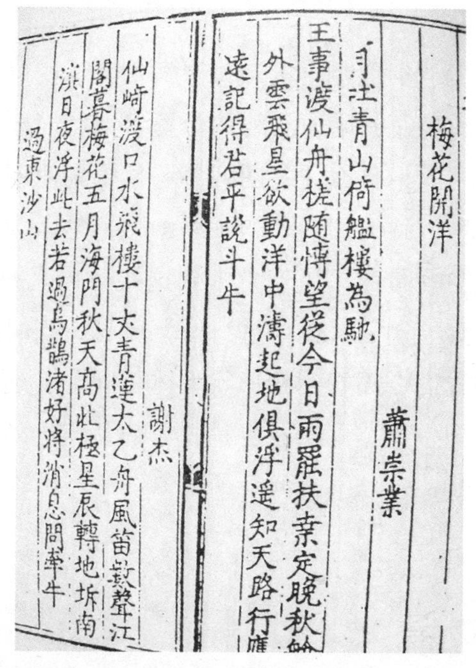

梅花開洋

萧崇業

月壮青山倚艦樓為馳
王事渡仙舟槎隨博望從今日雨罷扶桒定晚秋舶
外雲飛星欲動洋中濤起地俱浮遥知天路行應
遠記得君平説斗牛

謝杰

仙崎渡口水飛樓十丈青蓮太乙舟風笛鼓聲江
閣暮梅花五月海門秋天高北極星辰轉地坼南
溟日夜浮此去若過烏鵲渚好将消息問牽牛

過東沙山

这时，稍稍偏东的南风鼓满了船帆，航向正好！封舟起锚之后，顺风向前，速度很快。先后驰过了东沙、澎湖、花莲屿等地，封舟稳稳地航行在茫茫的大海上。

入夜，海天连成一块巨大的黑幕，除闪烁的星星挂在墨黑的天幕上外，什么也看不见。封舟按星象和指南针定位，准确地在“针路”上行驶。次日，风向不变，封舟继续向东南“针路”航行。大约二十小时之后，封舟经过小琉球头，即我国台湾某小岛。此后，又经东南针路转向正东航行。约十小时之后，驶经平（彭）佳山。再行一昼夜，驶经钓鱼屿（岛）、黄尾屿、赤尾屿等岛礁的洋面。

这些岛屿均位于中国的内海航线上，是元明清航向琉球的必经之路。[43]

崇业等当时绘制的《琉球过海图》，明确而形象地标出了钓鱼岛及其附属岛屿的位置、形状。压根儿就没有今天日本所谓什么“尖阁列岛”！据副使谢杰记载，钓鱼岛之所以称为“钓鱼屿（岛）”，是因为福建梅花所、定海卫一带的军民们常常到这些岛屿上钓鱼。[44]我们从崇业等绘制的《琉球过海图》可见，当时的钓鱼屿（岛）和我们今天看到的形状大体相同。它是中国神圣不可侵犯的领土。萧崇业也是驶经钓鱼屿（岛）的第一个云南人！

琉球过海图之一：梅花洋—平（彭）佳山——小琉球

往后三天的航程也比较顺利。气候正常时，封舟靠日月星辰引航行进；如天阴云蔽，封舟则靠指南针辨方定位，指引航程。经验丰富的漳州船工，熟练地驾驶着封舟，日夜航行在波涛辽阔的大海之中。

崇业在故乡见过异龙湖、滇池，进京赶考也见过洞庭湖、长江、黄河。但真正的汪洋大海，他还是头一次身临其境。壮丽多变、奇妙无穷的海景使崇业无比兴奋、惊异！他在《航海赋》中写道——

> 封舟驶入波涛辽阔的大海，渺茫不知边际。我们用船上的测风器掌握风向，以海天为家，仗星象指路，托福波涛而自安。封舟时而按海浪的节拍匀速前进；时而又突然被高高举起，再很快滑向远方。宇宙淡然寂寞，世界安静无哗。流光异色，早晚景色俱佳。万里海岸不知被什么遮挡？陆地和岛屿又为何全都消失殆尽？我这才明白，不可用小瓢来测量大海的壮阔，无法与井蛙讨论浩淼的汪洋。如此经历，难道不是海外之壮游、人生之奇遇吗？

东海踏浪　首次遇险

封舟驶过赤尾屿之后，海风忽然加剧，雷电交加，大雨滂沱！船体开始摇晃起来。巨大的海浪不断拍击着船

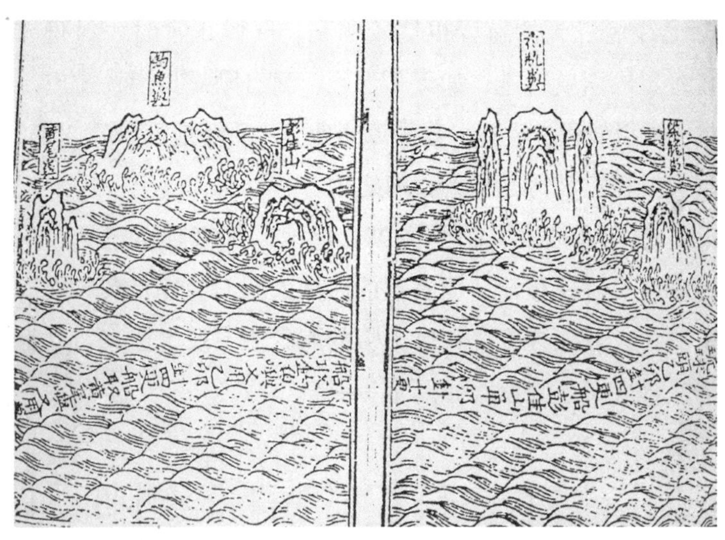

琉球过海图之二：鸡笼山—钓鱼屿（岛）—黄尾屿

身，发出不祥的巨响！先是船上的器具开始倾倒，接着门框也出现了歪斜和错位。当颠簸进一步加剧时，有的船员便站立不稳，更多的人开始晕船、呕吐、昏厥。大家都紧张得说不出话来。据后人研究，这是因为“风即相左，针路遂舛误”[45]，意想不到的风浪突然使封舟偏离了航向。

不久，封舟的主舵叶片被海浪击碎，封舟更失去了控制，只好一任其漂荡在茫茫的大海之中。人们看不见岛屿，看不见陆地，甚至看不见生存的希望！这是航海人最怕遇到的险境。于是，船上的巫卜便不停地向天妃娘娘祷告乞求，希望能得到海神的保佑。崇业在《航海赋》中如实写道——

突然之间，海神和波神一起作乱。顿时波涛翻滚，天旋地转，海浪涌起，高如大山，风雨呼啸，雷电交加。轰轰隆隆，好似银河翻滚；劈劈啪啪，仿佛日月摇动。于是，舵工谨慎掌舵，楫师赶快落帆，当此之时，我们不知如何是好。虽然同为乘风而行，却全然没有赤壁的美景；虽然同是飞升欲仙，哪里有当年苏轼的心情？！整夜坐以待旦，行动与惶恐同在；大家默默无言，忧心忡忡，摇摇晃晃，头脑发胀……

几天之后，忽然有一只蜻蜓飞进了封舟顶层的“飞屋”。

看见蜻蜓！看见蜻蜓了！！

船上经验丰富的漳州人和琉球人大喜过望，不由自主地惊叫起来。他们认为，大凡有蜻蜓、海燕之类能飞到船上，足证附近不远的地方一定会有可供它们栖息的岛屿或陆地，因为它们的飞翔能力有限。封舟有救了！封舟有救了！

五月三十日，崇业命引航的琉球人爬上桅杆观察。果然，封舟前面海天之际，隐隐约约地出现了几个隆起的黑点。他们下来高兴地告诉大家，远处的黑点就是陆地——“非古米（山）即叶壁山也”。如果真的是古米山或叶壁山，那就离琉球只有“五六百里”了。在汪洋大海中遭难的航船能看见陆地或岛屿，就等于落水被淹的人突然抓到了一根救命的木头。正所谓“船中惜水胜惜浆，洋中见山如见娘”㊻，大家别提有多激动和高兴！

六月初一，崇业下令封舟全速向远处的“黑点”驶去！又按航海人的习俗，叫大家打开船上的好酒，摆出美味的菜肴，同饮“见山酒”。所谓“山”就是大海中可供航船停泊的岛礁，也是指引航船正确航行的重要标志。崇业和副使谢杰都即兴赋诗，描写了这次封舟遇险而又转危为安的心情——

水国迢迢几万里，天涯浩浩无穷已。
封舟一去淼何之，更忆岛中山可指。
少女倏忽反东风，四方易位晦朦胧。

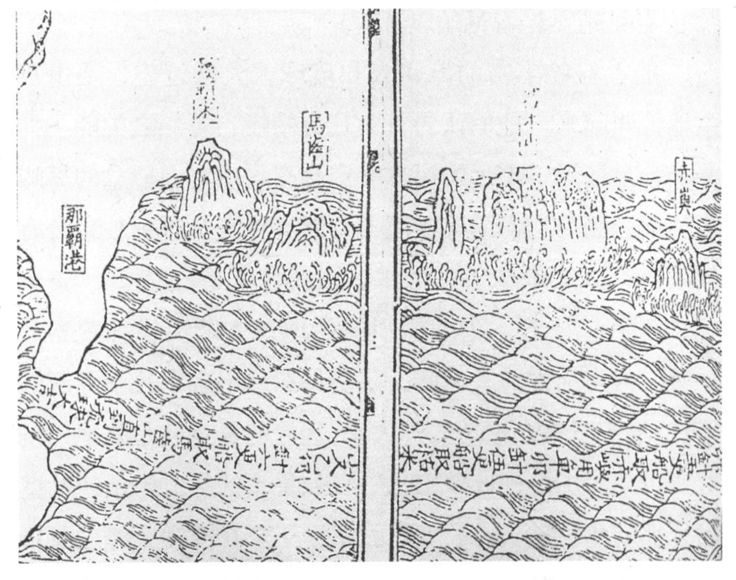

琉球过海图之三：赤尾屿—古米山—那霸港

舵工迷路随波逐，海客无谋任转蓬……

魂飞思山处，目断望山时。

精卫费木石，安得愚公移。

舟人日日频指点，谓云是山还复疑。

蓦看波前鸭头绿，邈然太仓一粒粟。

须臾突起喜欲狂，譬如仙桥出空谷。

有山海可渡，见山舟可行。

开醅使君饮，操觚使君吟。

如此风波俱度外，只有苍苍解我心。[47]

引航的琉球人说得不错，所谓“古米山”，即今天冲绳岛的久米岛。它是当时中国和琉球的海上分界线，位置在琉球的西南洋面之中。每当中国封舟航行到此，船上引航的琉球人就认为快要到家了，所谓“夷人鼓舞，喜达于家”！而“叶壁山”则在琉球之东北洋面，当时也属于琉球国。航海的琉球人每称“叶壁山更从而东，即日本矣”。也就是说，过了叶壁山再向东航行，才是日本和琉球的分界线。[48]六月初一日，封舟靠近的“黑点”正是琉球东北洋面的叶壁山，而不是西南洋面的古米山。说明前几天封舟并未按正常针路先经过古米山，而是因为风暴的冲击，漂到了叶壁山洋面。

崇业下令封舟停泊叶壁山下，稍事休整。这时，但见一叶小舟驶来，它是琉球渔民的小船。船上有七八个人。他们知道是中国派来的封舟，便向中国使者献上海螺等新鲜海产食物。崇业也下令回赠给他们一些中国带去的礼物。同时，他让封舟上引航的琉球“夷总管”坐上这艘小船，先去琉球报信。崇业一行则在叶壁山下钓鱼烹鲜，等待琉球那边的消息。

六月初三日，琉球国世子尚永得知中国封舟来到叶壁山，即派“法司官”乘小船前来接应中国封舟。法司官带来许多牛肉、酒菜，上船慰劳崇业一行。此后，琉球人用缆绳牵引受损的封舟，驶向琉球国首都那霸港口。万历七年（1579）六月初五日，崇业和谢杰率领的封舟缓缓地驶进了那霸港湾。前后历时十四天，虽然比正常情况超出了七天左右，但也总算是有惊无险。

封舟到达那霸港口

琉球封王

他奉行和平外交，
不亢不卑，
捍卫了国家的尊严；
多次拒贿，
树立了使节的风范。
守礼之门，洒露之堂，
留下了他光辉的形象。

那霸复礼

那霸是琉球国的王都，今天也同样叫那霸。它因为地处霸江出海口而得名。那霸港位于琉球西南海岸，濒临太平洋的西北侧，一直是琉球最大的港口。明清时期的那霸港口，也是历次封舟和贡船以及西北洋面所有船只出入琉球的咽喉之地。

那霸港口当时筑有用砺石砌成的长堤，约半里长。长堤上建有南、北两座炮台。南炮台下有石碑两座，为嘉靖三十三年（1554）琉球国王尚清所建。一碑题为“丫揽新森城”，语意不清；一碑大书“梵”字，下为小字《法华经》经文。北炮台有桥三座。其中“过海桥”就是泊舟登岸之处。㊾

琉球国世子尚永事先已得知消息，他亲率百官到那霸港口迎接大明使节。世子乘坐雕花的马车，从王宫出发。车驾前有“鼓吹前导”。车驾由三匹骏马牵引，车箱上有五色伞盖，左右两侧是身着铠甲的武士马队，马队插着王侯的徽旗。车驾之后是手持弓弩和刀剑的近卫队伍，他们一律戴着鬼神的面具，类似中国的门神，“颇彪异可骇”，卫队紧跟车驾之后，徒步行进。羽林飞扬，武器闪亮。㊿世子尚永二十多岁，个子偏矮，仪容谦和。他身着大明封王朝服，端坐在车中。

那霸民众听说天朝的使臣来了，也纷纷前来观看。

人群挤满了街道和港口。他们的打扮令崇业觉得很奇怪。有的梳着古老的椎髻，但发髻却偏向一边；有的又不留头发；有的赤裸的胸膛上还雕绘着花纹。他们兴奋地说着崇业听不懂的话语，高兴地笑着，叫着，跳着，欢庆这难得的盛会，表情都非常神圣和崇敬。还有些人无法挤上前来观看。他们登高环聚，盘桓进退，延颈而望。

崇业一行走下封舟。前边是由武士举着的“龙亭”伞盖，里边安放着万历皇帝的圣旨。崇业和谢杰紧跟其后，缓缓行至“迎恩亭”。迎恩亭始建于明永乐朝，是琉球国王尚巴志专门为迎接中国册封使节而建造的。

按礼仪规定，龙亭到达藩国，藩王以下百官首先应当跪拜龙亭，礼迎圣旨。但据说这一制度在当时的琉球已经多年不行了，改为先将册封使节迎驻天使馆下榻，等到举行册封大典时再向龙亭行礼。所以，世子尚永等琉球官员就站立不动。

崇业认为不可。

因为，按明朝“祖训”规定，凡是皇帝使臣奉诏至王府，封王必须到王城外一里远的地方下马迎接，“随龙亭由中门靠东边入，（迎）龙亭至殿中，先行五拜礼。使者见王，行四拜礼”[51]。琉球国王的级别正相当于中国的王侯，按制必须遵守此礼。于是，崇业便当场让通事将“拜龙亭”的礼仪告知站在港口的世子尚永等人，希望世子先当众拜迎龙亭，以示拜谒大明天子。世子知道崇业的意思后，立刻率领百官对着龙亭行五拜大礼。

崇业及时维护了外交和国家的尊严。从此以后，港口拜龙亭的外交礼仪也得到了应有的恢复。崇业有诗咏及此事，其诗句有云：

> 片语感悟从舆论，五拜雍容伏道旁。
> 鸳鹭鸣珂迎凤辇，貔貅指剑护龙章。[52]

拜罢龙亭，世子尚永亲送崇业一行前往天使馆。

天使馆离那霸港一里多路。它是专门为中国册封使节居住活动而建立的国宾馆，也是那霸当时最为豪华的建筑之一。馆舍坐北朝南，一仿中国官衙兼公厩的格局。有左、右辕门，辕门四周还立有栅子门。大门设有鼓亭和旗台。旗台上插有黄旗一面，上书“天使馆”三个大字，迎风招展，非常醒目。进入大门，有照壁一面，绘有麒麟图

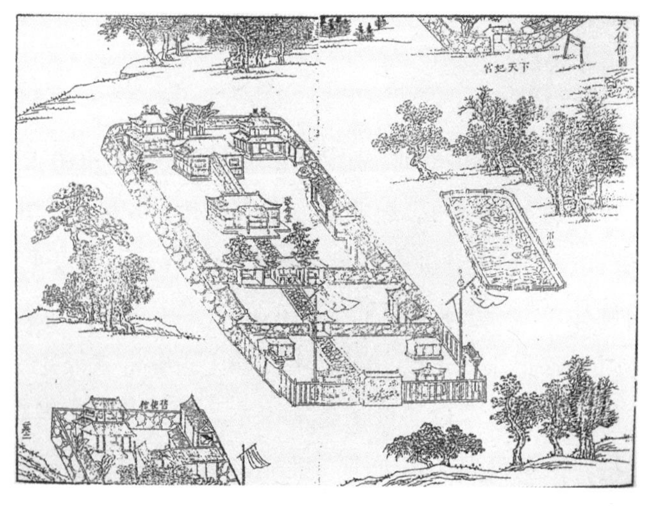

明清时期琉球的天使馆

案，标志着天使属一二品大员的显赫身份。

馆内设“七司”分管接待工作。一曰馆务司，掌礼仪应酬；二曰承应所，掌修缮和器物；三曰掌牲所，负责牛羊猪鸡的供应；四曰供应所，专管酒米、小菜的采购和支送；五曰理宴司，负责安排宴会和娱乐活动等；六曰书简司，掌管书信往来；七曰评价司，负责物价核算和会计工作。每司各设大夫一人，“红帕”三人，杂役等二十人。“七司”之外，还设有“总理司”，又名“长史所”，负责监督“七司”事务和上下文件传达。可见接待工作非常周密细致。

世子送崇业一行进驻天使馆后，便返回王城，准备祭王和册封大典。

天使馆内各种生活、办公设施一应俱全，非常豪华。按规定，世子尚永“每五日遣大臣一员问安”。每天都供应着美味的饭菜、新鲜的果点。热情好客的琉球官绅士人有时还会额外送些小礼物来给所有的中国人，“间有受馈，遍及从人”。崇业觉得这又太过于奢侈礼重了。于是，他主动向天使馆提出“革去繁多之礼问十之二三”。这一改革措施，得到琉球人的欢迎。他们无不敬佩崇业的平易廉洁。

祭王与封王大典

崇业一行在天使馆休息几天之后，就先后代表明朝

明清时期琉球中山王仪仗图

中央为琉球国举行了隆重的祭奠先王尚元和册封新王尚永的大典。这是他们出使琉球的主要使命。

万历七年（1579）六月二十九日，首先在琉球国“先王庙”举行祭王大典。天使馆至先王庙约二里。清晨，崇业一行从天使馆乘车前往琉球国供奉先王尚元的陵庙。世子尚永和百官早已迎候于庙前。先王庙栽满了松树，左右两边各有山涧两条，宽约丈余，环绕陵庙，再经“安里桥”流入大海。庙前有一条宽阔的石路，左右立有木牌坊和下马石碑各一座。庙墙用砺石砌成。正中洞开三门，左、右还有两扇角门。庙内设有佛堂。有供祭奠贵宾临时休息的客厅，题匾名曰“肃容”。

世子尚永和琉球百官身着“素衣黑带”。礼官尊护龙亭伞盖前行，龙亭中安置万历皇帝钦赐的祭文。崇业、谢杰等身着大明天使礼服紧随其后，大家缓步进入先王庙堂。世子尚永原以为，这时是祭奠父王之典而不是封王之典，所以，他率百官只向父亲的灵位“行五拜三叩大礼”，却按琉球旧制不向龙亭行礼。

崇业和谢杰认为不妥。

他们让通事对世子解释说，一切礼节都是因为某种“意义”而确定。如果世子只在封自己为王时才拜龙亭，而祭奠父王时不拜龙亭，是“重己不重亲”的表现。此礼涉及世子对父王的忠孝之心啊！于是世子才恍然大悟，虔诚地跪拜龙亭，并下令今后立为制度。[53]

崇业一行按制向琉球国先王尚元的牌位行大礼。然后高声朗诵万历皇帝的祭文曰：

> 万历七年六月二十九日，皇帝我派遣户科左给事中萧崇业为正使、行人司行人谢杰为副使，前来祭奠琉球国中山王尚元。大王您早受我朝封爵，守卫大明海疆；顺天事上，诚敬不渝；应得高寿，当享富贵。不幸一病不起，匆匆辞世，讣音传来，使我们深感痛惜！今天，我特地派遣使臣前来祭拜王灵，感同亲奠！

诵毕祭文，崇业等又按万历皇帝旨谕事先定下的礼单，献上牛一头、猪一口、羊一腔、馒头、粉汤、蜂糖糕、象眼糕、高顶茶、响糖、酥饼、香烛、纸钱、文酒等丰厚的祭品。

祭王大礼结束后，世子尚永在陵庙会客厅亲切地接待了崇业一行。世子亲自为崇业等敬献素酒。此后，派法司官和长史二人送崇业一行返回天使馆。

到达天使馆后，二位琉球官员突然拿出两块金饼，要送给崇业和谢杰，以感谢他们对先王的祭祀。崇业让通事对他们说："我们是大明政府的使臣，祭祀琉球先王本是我朝制度规定。我们绝不能因此私下收受你们的馈金，希望你们把礼物原封不动地带回去吧！"同时，崇业还亲笔致书世子尚永，说明原委。这是崇业第一次"却金"。

万历七年（1579）七月十九日，又举行了隆重的封王大典。黎明时分，迎候崇业一行的车驾就早早来到天使馆，请崇业一行登车前往王城。

王城号"首里"，建在那霸高高的山上。四周筑有城墙，墙壁用不规则的毛石砌成，故方圆不同形。远远望去，好像若干骷髅垒成。因此，过去到过王城的某些人粗心大意，看走了眼，乃至讹传琉球王城是用人的头骨堆成。崇业不禁哑然失笑！嗟叹那些以讹传讹的书真是荒唐。

进入王城，首先要走过一座重檐牌坊式城门，分立"中山"和"首里"两座高大的牌坊。崇业根据中文"首里"与"守礼"的谐音，建议将其改为"守礼"。琉球君臣非常赞同。过了几天，他们请崇业挥笔题书了"守礼之邦"四个大字，高悬城门之上。后来，首里王城毁于美日"琉球之战"，战后又大体按原样重建，供游人参观。崇业题

萧崇业题“守礼之邦”城匾遗址

书的“守礼之邦”城匾今天还赫然在目！中国册封大使为其改题城名的故事，也依然还在今天的冲绳广为流传！[54]

崇业一行走进王城大门。世子尚永亲率百官，礼迎放置着万历皇帝圣旨的龙亭。礼官引领大家进入城内“欢会门”，穿过“漏刻殿”，拾级而上，登上第三层，便是琉球王府的正殿——“奉神殿”了。

礼官将龙亭伞盖置于殿堂上方。世子尚永率百官向龙亭行大拜之礼。这时，乐舞欢呼，钟鼓齐鸣！乐止，崇业从龙亭中请出万历皇帝钦赐的《册封圣旨》，高声朗诵曰：

皇帝敕谕琉球国中山先王尚元之子尚永：你的祖先守卫着大明海疆，世代受封为王，非常忠顺。你的父亲尚元，敬天尊皇，小心谨慎，功德显著，

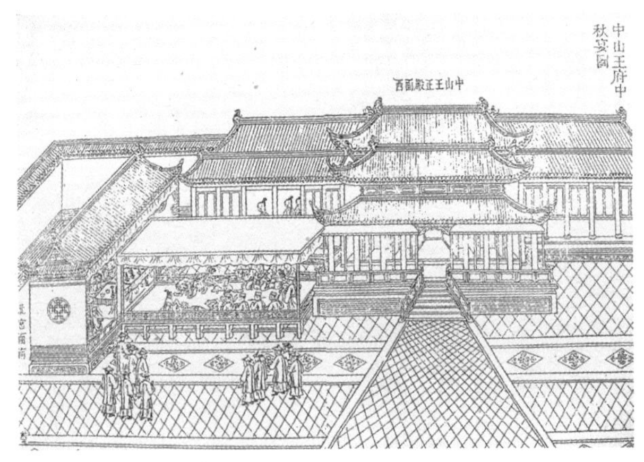

明清时期中山王府图

受恩有加。他突然去世，令我伤心！你作为他的亲子，继承了他的美德；得到了臣民的拥护，理应继封王爵。现在，我特派户科左给事中萧崇业为正使，行人司行人谢杰为副使。他们带着大明的诏书，前来册封你为琉球国中山王，并赐给你和王妃冠服、彩帑等物品。希望你恪守封王的规章制度，不忘先人的遗志，谨守礼义，保境安民。努力彰显我大明“国家无外”的仁厚，以此保全你终身的荣誉。钦此！

诵毕圣旨，同样按诏书事先定下的礼单，献上万历皇帝赐予中山新王和王妃的礼品。计有印信、纱帽、镶金犀牛皮带、皮弁冠、七旒王冠、玉圭、黑绿花绸、深青素缎、各色绫罗等等。这时，世子再次行大礼奉旨。琉球百官齐声高呼："大明天子，万寿无疆！"钟鼓齐鸣，乐舞欢腾！

首里（守礼）古城遗址

礼毕。尚永请崇业等进入北宫，"复行相见礼"。崇业等先在北宫休息片刻。尚永自己换上琉球国中山王崭新的冠冕朝服，来到奉神殿，先接受琉球百官的朝拜。然后，中山新王尚永再次回到北宫，改用汉语向崇业等致谢辞，同时正式向崇业提出申请，希望准许将万历皇帝钦赐的册封圣旨留在琉球，永为"镇国之宝"。对此，崇业已经事先奏准朝廷，便当场代表明廷表示同意。中山王命长史将圣旨珍藏起来。

在几次和中山王尚永接触中，崇业发现他的汉语其实比该国"素通汉语者"更好。他和中国使臣之间根本不需要翻译。于是，崇业特别作诗称赞他说："夷王不作侏离语，万岁声声祝圣唐！"[55]

会见结束。中山新王尚永特派琉球王族兼长史送崇业一行回天使馆。到馆之后，不料长史又一次向崇业献上金饼和诸多礼物，以感谢他主持册封新王大典。为表示诚恳，长史竟长跪不起，一定要崇业收下金饼和礼物。但崇业仍然坚决不接受金饼，只选择了"刀扇、土布少许"。并再次致书中山王尚永，申说"却金"缘由，强调义礼之别。中山王看罢崇业的来函，更加感动。他亲往天使馆向崇业深表谢忱。崇业等也略具果酒，热情款待了尚永一行。双方恳切地长谈了很久，才依依散去。这是崇业第二次“却金”。

题书洒露堂

那霸天使馆的正堂是该馆的重要厅堂。大凡议事、会客都必须在此举行。厅堂原先没有名称。崇业入住之后，总觉得缺了点什么。一天，他将馆内大夫、长史等琉球官员都请到厅堂，说：我想为厅堂题名为“洒露堂”，不知大家以为如何？琉球的官员请他先解释一下这堂名的含义。

崇业因说道，唐诗有“海东万里洒扶桑”之句。说的是唐朝，我中国将礼仪文化传到了日本、朝鲜等东海邻邦，有如雨露洒向东亚！雨露恰如我天朝的恩德，她滋润着天下万民，惠泽于四面八方。这好比苍天洒下雨露，茫茫林海之中，无论是高大的树木，抑或是纤小的花草，都同样能得到她的滋润；我天朝传播的文明礼仪，普天之下，万国兆民，不管大小远近者，都同样能得到她的恩惠。这就是“洒露”二字的原义啊！

崇业接着阐发：琉球自明初以来，一直与中国保持着亲密无间的关系。国土虽小，又远处海角，正如一棵生长在深山幽谷的小花儿，但是，她却同样一直得到中国的呵护和滋润，这就叫“培植之露”；明初，为了帮助琉球人更好地掌握造舟和航海技术，我太祖高皇帝下令将“闽人善操舟者数家”迁居琉球，成为世居的琉球人，他们的子孙也常常往来于琉球和闽广之间，有益于琉球生产技能的进步，这就叫“长养之露”。琉球虽小，但中国时时不忘以日月之光温暖她、照亮她，时时不忘以华夏的文明感化她；代代不忘派遣使节远涉重洋，来到琉球国册封其王，赐以冠冕，使她得到亲藩王侯的宠爱。于是琉球就像深山峡谷中的一颗珠宝那样，“自耀于熹明”，增光于海外，这就叫作“复明之露”啊！有此“三露”之说，所以，我便将此堂题名为“洒露堂”。

灑露堂說
蕭崇業
余奉
命中山入天使館堂故有扁弗稱居無何余集夷諸
大夫長史問曰而學詩乎唐人云海東萬里灑
扶桑此意在懷遠誠足風也余欲堂以灑露名
可乎諸大夫長史請曰願聞其指余譬之曰夫
雨露者天澤之潤者也
人君贊化以子民何所不澤以是知

琉球官员听罢连连称是。他们纷纷表示“自王以下不敢忘天子之大德也”。于是，即令笔墨伺候，请崇业当场挥毫，题书了“洒露堂”三字匾额，[56]并撰有《洒露堂说》一文。

副使谢杰知道后，也撰写了《洒露堂说》一文。文章进一步阐述了中原王朝一直关怀琉球的历史事实，其恩泽远远超过了日本、越裳、扶南、朝鲜等国。谢杰赞扬崇业“以名进士起家，读书中秘（翰林院）”，学问渊博。这次奉命航海来琉，乘风破浪，毫无惧色。作为大明使臣，他又多次带头“却金”，高风亮节，令人钦佩。题书“洒露”堂名，意义深刻，尤能彰显其学问和人品，这也是发扬华夏文明的具体表现啊！㊼

据载，崇业题书的“洒露堂”匾额一直保留到清初。后来因为“堂圮匾废”，再经重新修葺之后，改题为“洒露扶桑”四字，但其堂名一直不变，永远保留着崇业当年的创意。

说到“扶桑”，就不能不先说一说当时的日本。

日本古称“倭奴国”，唐朝始改称日本，诗文中习称“扶桑”。自东汉迄于宋代，日本同样以藩属向中国朝贡。唐宋时期，中日关系较好，他们积极学习中国文化和礼俗，其影响至今可见于日本各地，满大街的汉字汉语就是明证！从元朝到明初，两国关系开始变坏。其中一个主要原因就是众所周知的“倭寇”问题。没落的日本武士和浪人勾结海盗（后来也包括中国沿海的坏人）形成倭寇。他们常常侵扰、抢劫中国沿海，造成极大的危害。为此，明廷曾一度禁绝日本朝贡，直到永乐朝才开始恢复朝贡关系。

所谓“朝贡”，对日本等藩国而言，主要是政治上必须对中国“称臣修贡”，但经济上得到中国的赏赐要大大多于他们“上贡”的那点儿土特产！同时，伴随着朝贡而来的双边贸易，还会使日本朝野获得更多、更大的商业利益。所以，日本各“诸侯道”都争相向中国朝贡。明廷不得不限制日本来华朝贡的人数、船只、武器、所到港口等，始终对其保持着高度的警惕。因为不能正常朝贡，“倭患”就更加严重，特别是嘉靖和万历两朝，倭寇为害最烈。与此同时，日本也已开始对琉球发起了渗透和侵扰。

据崇业他们所见，当时在琉球教习武术的人多数是日本人，他们比琉球人更为强悍好斗。当崇业率领的封舟到达琉球的前两天，日本也来了一条船，他们所住的馆舍“去天使馆不（到）二里”。当封舟驶进那霸港时，他们也和当地人一样前来观看天朝使节。他们的船和封舟停在同一港口。琉球人担心日本人太多，“倭众之不利（于）我”，就建议崇业一行从天使馆搬到军营，避免与日本人发生矛盾。

崇业和谢杰认为不可，“岂有堂堂中国而避外夷乎”？坚持仍旧住在天使馆。不久，那霸港飓风大作，中国和日本的水手船工在各自救护船只时，果然发生了冲突。其中一个日本人“伤首，血流淋漓”。某些日本人就想借故生事。后来经验证，此人是被自己的伙伴用刀背误伤，还并非用刀口故意砍伤，而且这与中国水手毫无相干。于是，日本人只好灰溜溜地把伤员抬走了。[58]

和平使者

种种繁霜点髩毛，二山踪迹付风骚。

日无衙吏呈官簿，时有夷王过浊醪。
北雁不传天外字，晴霞空映海中涛。
学非闻遣徒怀椠，作赋羞称纸价高。[59]

中秋佳节到了，琉球国左贤王孙邀请崇业和谢杰一同赏月。主人家离天使馆大约十里地。崇业二人乘车前往。席间，左贤王孙令“夷童歌夷曲，更为夷舞，伛偻曲折，亦足以观”。所谓夷童歌舞，又称“踏蹄歌”，由童子四人一边击柝，一边唱歌，“足婆娑以舞”。崇业听不懂歌词，就问略通汉语的主人。主人解释说，大体是“海不扬波，舟航利涉”之类的意思，也有些叹老嗟贫之词。[60]主宾饮酒赏月，桃杯交错，吟诗唱和，十分高兴。

宴罢，客人微醉欲归。此时，皓月当空，海天寂静。主人令手下驾一叶扁舟，送客人沿海岸而归。海上风平浪静，咿呀的柔橹将月光和水波搅碎，波光粼粼，浑然一体。海岸树林中的水鸟，也似乎想

中秋讌集
蕭崇業
王孫開宴護丹紗一部歌鍾助故家酒注金罇光
透綠詩成繡口筆生花輝輝野月明雕節瑟瑟江
風送晚槎自是清秋堪遠矚棲烏半下斗橫斜
謝杰
海國均回秋氣嘉雙軺同過左賢家空門土净金
為地佳闕天高玉作花引白觴分靈兎藥飛紅標

与夜归的客人一同赏月，船上的人能隐约看到它们互相追逐飞翔的身影。崇业因有诗曰：

王孙开宴护丹纱，一部歌钟助故家。
酒注金樽光透绿，诗成绣口笔生花。
辉辉野月明雕节，瑟瑟江风送晚槎。
自是清秋堪远瞩，栖鸟半下斗横斜。[61]

崇业和谢杰回到天使馆，月渐沉，天将晓。馆外的村庄中隐隐传出阵阵捣衣之声，或许是早起的妇女已开始劳作。崇业望着窗外，望着那余晖未尽的海月和若明若暗的村庄，又提笔写下《海月吟》四章。值此良辰美景，诗人特别思念自己的故乡，一股淡淡的忧伤油然而生，“……豪士逢知己，愁人堪断肠。举头频睇望，犹自在他乡！”然而，尽管人在异国他乡的中秋，身处海月交融的奇景，那飞扑的流萤，南来的大雁，仍然使崇业深深地感到秋与故乡同、月为天下圆、千里共婵娟的亲切：

海净明逾冷，秋深夜望舒。
萤流窥缦小，雁过入林疏。
魄皎窗生白，轮盈镜不如。
良宵三五盛，万国借光余。[62]

八月二十四日，琉球国举行“水亭龙舟竞赛”。崇

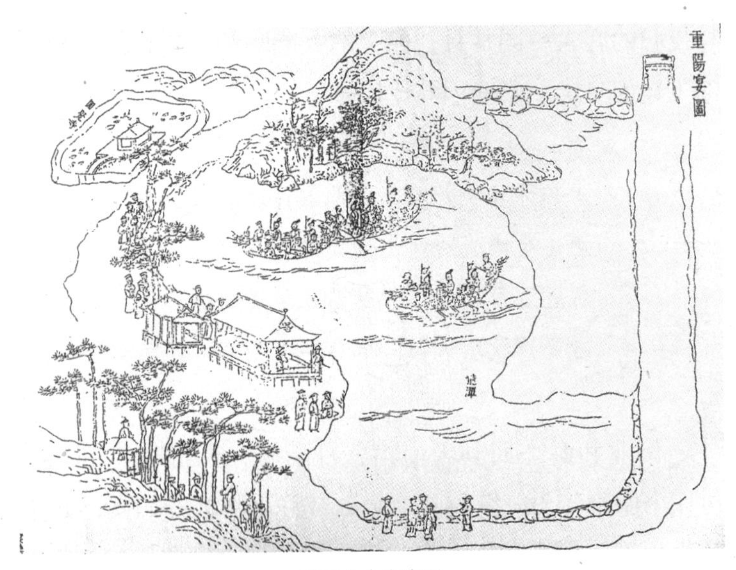

琉球龙舟竞赛图

业一行应邀观看。据载，水亭，又名饮水亭，位于一个突出江岸的高处。亭下有一条大河，竞赛就在这里举行。参加竞赛的三艘船，都雕绘着龙形图案。选手分别来自琉球的三个重要地区——那霸、首里和久米。他们都是琉球国贵胄大臣的子弟。选手们各自身着彩服，戴着簪花。每舟二三十人。“刳木为舟酷似龙，三舟百人还不足。”[63]比赛一开始，鼓乐齐鸣，划船的青年和岸上加油的人们一齐歌唱、呼喊。三船齐发，争先恐后，“口吐菱歌手击鼓，衡行驰纵争相助”[64]。场面十分热烈！划船比赛结束，奖励胜者，开宴庆贺。

此后，又接着举行爬竿比赛。人们在江边树起一根高高的彩竿。竿头悬挂着红绸一尺、赏钱一串，就是胜利者的奖品。要求比赛者赤身裸体，从竿底一气爬上高高的竿头，摘下奖品。但见一个个小伙子争相往上攀爬，大多数因力气或技术不行，落入水中，引起一片尖叫和笑声，“健儿觅利起贪心，解衣没水不顾身”[65]。看着眼前的龙舟竞赛，崇业不禁想起去年五月端阳节在福建看到的龙舟竞赛。除了时间不同外，其他基本内容都与琉球相同，真是“感今追昔情惘然，海角天涯同习俗”[66]。

琉球信佛，寺庙很多。在琉期间，崇业一行也应邀参观了圆觉寺、天界寺、东光寺、东寿寺等。据崇业记载，这些佛寺的规模不小，如天界、圆觉二寺，“宏壮亚于王宫，各藏梵经数千卷”。寺外，棕榈树、凤尾竹、芭蕉林交错掩映；寺内，有僧人轻声诵经，十分宁静高雅。

东寿寺是崇业一行最后游览的佛寺。时间是九九重阳节。该寺位于那霸泉崎桥东（一说在东禅寺后边），隐藏在青山丛林之中。崇业和谢杰登临古刹，与寺中僧人饮酒谈禅，情趣盎然。欢声笑语之中，崇业又不禁想到自己身在万里之外的祖国。今天是重阳登高之日，故乡的兄弟亲朋也一定在思念远在海外的游子吧，崇业因有诗作——

重阳登古刹，路入野人家。
万里故园迥，穷秋幽屿嘉。
僧衣裁短薜，夷醞酌黄花。
笑语同为乐，谁知海一涯。[67]

著书作赋

萧崇业在琉球期间，和副使谢杰开始编撰《使琉球录》一书。该书卷首崇业自序时间署“万历七年十一月”，这正是他们刚刚回到福建的时间。由此推知，该书的大部分内容无疑是在琉球写成的。书中虽然也收录了副使谢杰的相关诗文，但谢杰本人则另有关于该书的《补遗》一种，因此可以断定，此书实为崇业个人的专著，它也是有史以来唯一一部关于琉球的滇人著作！

明清时期，凡是出使琉球的册封使臣都会编纂一部书名、体例基本相同的《使琉球录》，记叙他们的出使经历、所见所感等。崇业此书分为上、下两卷。首先辑录了这次出使琉球的皇帝诏书、祭文、题本、文书等。次为《琉球过海图》，由七幅连环航海路线图组成，明确标出了封舟从福建梅花所开洋起航，直到琉球那霸港的航程、水向、针路，沿途的重要山脉、岛礁等等。此后，分立《使事纪》《造舟》《用人》《敬神》《礼仪》《群书质异》《题奏》《艺文》等专题，全面汇

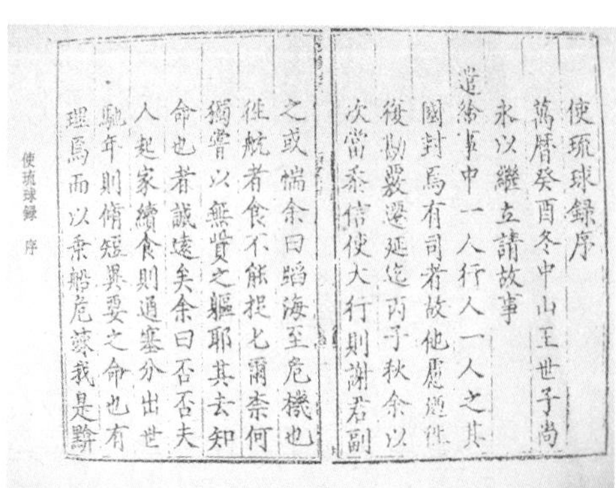
使琉球録序
萬曆癸酉冬中山王世子尚
永以繼立請故事
遣給事中一人行人一人之其
國封焉有司者故他應選往
後徊畏避延迄丙子秋余以
次當忝使大行則謝君副
之或端余曰蹈海至危機也
往航者食不能捉匕爾奈何
獨嘗以無貲之軀耶其去知
命也者誠遠矣余曰否否夫
人起家續食則適塞分出世
馳年則脩短異要之命也有
理焉而以乘船危殆哉是黔

使琉球録 序

萧崇业撰《使琉球录·序》（万历刻本）

记了出使琉球的有关史事。

其中《艺文》中录有崇业所撰《航海赋》。它以文学的形式描写和抒发了自己这次航海外交的真情实感，也是明清所有《使琉球录》绝无仅有的一篇大型赋文。

崇业所著《使琉球录》，根据自己亲身经历和广博知识，参考和综合前人有关论说，驳斥了诸多权威著作对琉球的误记，为我们呈现出他们所见到的真实的琉球，讲述了一个个生动有趣的琉球故事。

唐朝史学家杜佑所著《通典》一书，是专门记载典章制度的政书，历来享有很高的学术声誉。但由于当时包括杜佑在内的中原学人并没有真正到过琉球，所以其记载就难免有错。有的记载很可能是根据唐朝以前的材料，但后来发生了变化，就难免陈旧。例如，该书说琉球国王族姓“欢斯氏”，土人呼之为“可老羊”，他们把王妃叫作“多拔茶”；说琉球国王出入“乘木兽，令左右舆（抬）之”；说该国举行宴会，“执酒者必得呼其名而后饮”，哪怕是向国王敬酒，也要先直呼国王的名字；还说琉球的民居，家家门头上都要安放一颗兽头，等等。

崇业对该书上述错误进行了必要的订正。例如，崇业辩证说，明朝的史料显示，琉球历代国王早就开始姓“尚”，名字也从汉字而来。早已没有什么“欢斯氏”“可老羊”和“多拔茶”之类的叫法了。琉球国王出行多半乘坐豪华的车轿，排场很大，而非几个人能抬的“木兽”。琉球国的宴会虽然比中国简朴，但由于受中国礼仪的影

明清时期琉球妇女图

响，君臣上下早有尊卑之分，谁敢走上前去呼叫国王的名字？至于琉球的民居，都是“垒石为墙”，以防倭寇或海盗的侵扰。它们大多分散在山谷中，好像一个个堡垒。但是，并没有每家门户都必须安放兽头的习惯。

《大明一统志》是明朝官修的大型地方志，但是，作为当代史地名著，该书对琉球的记载仍然有不少错误。例如，该书记载说，琉球国男人不留须发，以鸟羽为冠；

明清时期琉球屋宇图

妇女缠发盘头，以墨黥手，为龙虎文；记称琉球国父子同床而寝，母亲会吃掉自己生下的孩子；说琉球人吃饭不用筷子，用手来抓；战斗时把杀死的敌人用来祭祀神王；把人的骷髅用来建造住所，名为“波罗檀洞”，等等。

崇业根据他们的亲见亲闻，驳斥了上述道听途说。他说，琉球国男人大多是“深目多须”，平时并不戴什么“羽冠”。其中凡属汉人后裔的人“皆结发于中”，如果是当地土著，则“结发于右”，都用有色花布缠着。琉球和中国一样，官服也分为冠服（冕服）和便服两种。每逢册封大典等隆重场合，官员们都必须身着明朝的冠服；平时则可以穿便服。琉球区别官阶的大小，主要从官员头巾的颜色上看。如国相、大夫戴紫色头巾，是为最贵者，黄色次之，红绿色再次之，而以青色为最下。[68]

琉球妇女的确有文手的习俗，但花纹并非龙虎，而多半是美丽的花草和鸟鱼。同时，由于妇女不缠足，所以，只要大小一样，男女的鞋子常常可以互换互穿。至于什么“产乳必食自子”则纯属胡说！崇业驳斥说：“彼亦人母耳，岂谓不慈至是乎？！”[69]非但如此，据崇业和谢杰所见，琉球的妇女普遍比男子更勤劳和辛苦。琉球王廷妇女的文化品位还不低。她们非常热爱中国文化。例如，如果册封使臣和她们的夫君在讲汉话，她们会躲在屏风后偷听，暗自学习模仿。他们喜爱由福建艺人演出的中国戏曲。中国艺人常常在宫中为她们演出的节目是：歌颂孝道的《姜诗出妇》《王祥卧冰》；歌颂爱情的《荆钗记》等。其他如

《岳飞破金》《西厢记》《拜月记》也偶尔演出。[70]

崇业还驳斥了琉球人用骷髅建住所的说法。他通过亲身经历证实，琉球根本没有用骷髅建成的什么“波罗檀洞”。琉球的民房多为草屋，而官房则为瓦屋。他记载说，琉球人特别爱干净，“凡屋地多铺板笫，洁不容尘”。所以，无论贵贱之人，平时都穿草鞋，以便“入室则脱”。崇业进一步考证说，这种“进家脱鞋”的习惯，原本传自中国，可能就是古书上记载的所谓“履满户”。所以“坐”字本是个会意字，从“人”从“土”，说明中国远古也是席地而坐的。其他如说琉球人吃饭用手抓、父子同床、杀人祭神等也大多是以讹传讹所致。[71]

《星槎胜览》是明朝著名的航海著作，作者费信曾随郑和下西洋，担任通事，到过海外许多国家。该书记载说，琉球国有翠麓、大琦、斧头、重曼等山，皆“抱合而生”。说该国“田沃谷胜，生活富足。气候常热，用甘蔗酿酒”。说琉球文人“习读中国书”，其诗作水平很高，等等。

崇业据实驳称，“琉球国诸山虽南北比迤相望，而形势不甚抱合”。他向当地人打听，也并没有什么翠麓、大琦、斧头等山名。[72]琉球当时虽然也生产水稻，但产量很低，普通民众的生活并不富裕，有的甚至“食日不过一二碗（饭），取充饥耳”！琉球气候的确较热，但是“抵暮辄凉”，也就是早晚温差较大。甚至到了隆冬季节，“亦时时（下）雪焉”！老百姓造酒不用甘蔗，而是“以水渍米，越宿（过一夜），令妇人口嚼手搓以取汁，名曰米奇”。崇业指出，琉球文人确有善于写作汉诗者，但是，大多数水平并不很高，只有个别人写得不错。他举例说，经人推荐，他读过该国知名诗人容安和尚的诗，感觉“语虽不甚精工，然意固飘飘物外”，颇有空灵超然的意境和情趣！但这毕竟是少数。[73]

崇业在《使琉球录》中还阐述了他对这次航海的特殊感触。

他认为，这次航海不仅是奉命执行外交任务，对他自己而言，也是一种前所未有的体验，是一次体验世界、体验人生、体验圣人之道的十分难得的机遇。他说：“观海者难为水，游于圣人之门者难为言……水善下，故能成其海，人善虚，故能成其圣。海何所不有？圣人何所不容？知海则知圣人矣！”[74]意思是，通过航海，我们置身于变化无穷的汪洋大海之中，我们体验到的不仅是海洋的宽阔，更是圣人之道的浩淼无垠和博大精深；我们从航海中体验到物理的变化万端和奥妙无穷；体验到人的行为应当符合自然而不可与之抗逆，从而使我们的人生超凡脱俗，洁净无滓，威武不屈，祸患不惧！

崇业说，这次航海使他突然明白，正因为圣人之道有如大海，所以当年孔夫子才说：“道不行，乘桴浮于海！”崇业认为，孔子这句话也许并非虚言。他老人家可能真的是想到深广的大海中去“体察道德；体察学术；祖述宪章”！只可惜子路等后生小子并没有明白老师的深意啊！[75]

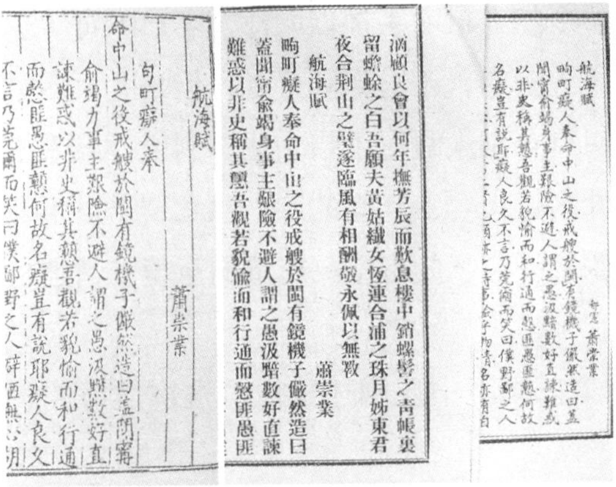

滴顧良會以何年撫芳辰而歎息樓中銷螺髻之青帳裏
留蟾蜍之白吾願夫黃姑織女恆連合浦之珠月姊東君
夜合荆山之璧遂臨風有相酬敬永佩以無斁

航海賦 蕭崇業

眴町癡人奉命中山之役戒艘於閩有鏡機子儼然造曰
蓋聞甯俞竭身事主艱險不避人謂之愚汲黯數好直諫
難惑以非史稱其戇吾觀若貌愉而和行通而慤匪愚匪

不同版本的《航海赋》

崇业所撰《航海赋》，也大部分写于琉球。他自己在琉球作诗时就隐约提到此事，乃至有“洛阳纸贵”的自信！[76]全文四千四百多字。采用汉赋文体，借主客问答、互相辩难的传统形式，阐述了自己从请命出使琉球，到礼成回国的全部过程。全文结构完整，层次清晰，词藻华丽，典故众多，是一篇兼具文史价值的大赋。由于该赋主要以纪实为基础，虚实交错，所以为作者这次出使琉球，乃至明清使琉活动提供了不少珍贵的史料。

《航海赋》公开之后，对后世影响很大。清康熙朝陈元龙将此赋收入他所编纂的《历代赋汇》之中，乾隆朝修《四库全书》，该书又著录于《四库全书》集部。雍正《续建水州志·艺文志》、云南著名史家师范的《滇系》、嘉庆《临安府志》、宣统《续蒙自县志·艺文志》等云南地方文献也都先后收录了《航海赋》。郑和七下西洋，自己并没有留下任何作品，唯有崇业以其宏大的《航海赋》，为我们讲述了滇人亲历大海的故事和感受，彰显了滇人远涉重洋、走向世界的决心和勇气！

礼成回国

他写下了航海的感悟：
变化无穷的海天，
蕴藏着圣道和物理；
他提出了外交的警示：
陆地连着海疆，
同属我们生存和发展的空间。

临行却金

重阳节一过，崇业一行就要准备回国了。此前，他已奏准明中央为琉球国做三件事情。一是准许琉球留下这次册封的圣旨，同时，准许中国使臣和琉球王臣一起祭祀海神；二是准许琉球人从这次封舟带去的武器、用具、饮食乃至医卜、观星占候、听水察土的仪器和人员中“酌量取用”一些留下；三是准许中国随船技工帮助琉球人共同赶造一船，随行来华谢恩。三件事情都很快得到了万历皇帝的批准。[77]

这时，却发生了一次封舟飘离港口的险情。

时间大约是八月二十六日，那霸海港突然刮起飓风，暴雨倾盆。海边的大树被狂风连根拔起；行人无法站立，只好“匍匐在地为兽行”。停在港口的封舟四根碗口粗的缆绳被风浪扯断，封舟便飘离海岸三四十丈，“几溺海者咫尺”。守护封舟的“夷艄”有的竟吓得跳海逃命。崇业等接到报告立即赶往现场。所幸封舟上留守的漳州舵工林余宗、碇手莫三、班手林八九等人临危不惧，通力合作，才稳住了封舟。不久，风浪稍平，琉球又驶来两只小船，大家才截住了飘动的封舟，免除了一场可怕的灾难。

九月初十日，琉球国中山王尚永为崇业等举行了第一次饯行宴会。席间，尚永命“彻法司”二人向中国使臣敬酒，崇业以“不胜酒力”而婉拒。九月二十二日和十月初五日，尚永又两次提请再为崇业等饯行，崇业以为不必如此重礼，均一一谢绝。十月初八日，尚永第四次请求为中国使臣饯行，盛情实在难却，崇业等只好再次进入王城，与琉球君臣作最后的告别。崇业要求“不必盛供具，至则只成礼而已”。

告别宴会结束后，岂料琉球国长史又捧出黄金四十两，希望作为礼物送给崇业和谢杰。崇业第三次严正拒绝！他希望长史转告琉球国王，中国与琉球实属有深厚“大惠”之交，但是“大惠者岂在区区之物”？作为堂堂大明使节，奉命前来执行公务，“又何敢不励素丝之节”？琉球国王得知后非常惭愧。他让长史向崇业解释说，分别时向外国使臣送礼，本是我们琉球国传自祖先的礼俗，但这次一再遭到中国使节的谢绝，足见萧大使的高洁。琉球小国岂敢忘此大恩大德？于是仅以“泥金倭扇二柄”相赠。崇业收下倭扇，同时，作为外交礼节，崇业也以中国的“手扇”回赠琉球王尚永。双方愉快地分手。

为此，崇业特作《却金行》长诗，以明其志。

诗一开头就写道：“中山宴罢赠兼金，远人不谅四知心。义利分明难可昧，敢信金多交始深？”所谓“四知心”是东汉东莱太守杨震的典故。杨震某下属为迎合“领导”，趁夜送来金子，以为无人所见，无人所知。杨震却说，这种事情“天知、神知、我知、你知，何谓无知？”崇业以此强调为人为官务必心地光明，表里一致。崇业声明，人与人，国与国，大义和私利都应当分开，不可混淆，不可欺瞒自己的良心！深厚的友情难道就一定非要靠金钱和物欲来维持吗？

接下来，崇业历引众多历史典故，歌颂了那些廉洁无私、拒绝物欲的动人故事。例如，先秦乐羊之妻规劝丈夫不昧他人遗金；东汉大臣疏广将皇帝所赐黄金全部分给别人，并不留给子孙，以免子孙因为不劳而获，容易走向堕落；宋朝御史赵抃官蜀，轻车简从，只乘一马，只带一琴一鹤；隋朝齐州别驾赵轨为官清廉，离任时百姓送别，只饮一杯清水；东汉南阳太守羊续将府丞馈赠的活鱼悬之门庭，任其腐烂，以示拒贿；三国时寿春县令时苗以牛车为乘，离任时牛生一犊，时苗将犊子留在寿春，意在不取不属于自己来时之物……

卻金行　蕭崇業

中山宴能贈兼金遠人不諒四知心義利分明難可昧敢信
金多交始深金函開詔出殊方韡韡皇華衆所望薏苡還招
犀玉謗黄金媿入陸生裝帝子憐嬌貯金屋我易好懷貿書
讀書中道義原自貫孰識豪富悲金谷白晝攫金亦何迷金
兆絡馬遭傾覆燦爛金丸韓嫣侈婦賢且解遺金辱君不見
燕王好客築金臺高士掉首去不回天生我才原有用散盡

續修建水州志　卷之十一　詩　十七　漢口道新印書館印

崇业在诗的结尾表示，自己虽然不能和上述这些前贤相比，但要努力学习和追循他们清廉无私的高尚品行——“余诚不能比德于数子，区区窃慕古人之芳躅”[78]。

崇业再三却金的言行对中琉两国都产生了深远的影响。

首先是崇业走后，琉球国为他建起了一座“却金亭”。此亭位于“那霸港封舟登岸处”。康熙二十二年（1683），中国册封副使杜麟焻来到琉球后，就曾前往却金亭感念当年崇业的高风亮节，因有诗曰：“手执龙节渡沧溟，璀灿宸章护百灵。清比胡威臣所切，观风先到却金亭！”[79]乾隆二十一年（1756），据中国册封副使周煌等人明确记载，却金亭还依然完好地保留在那霸港口，成为琉球的一大胜迹。[80]

反之，和崇业风清气正的操节相比，副使谢杰的某些行为却不免令人有些遗憾了。

这次出海，谢杰的舅舅也和大家一起来到琉球。按政策规定，每个在编的过海人员可以带去一定重量的货物到琉球出售。这次谢杰的舅舅就带了数百顶网巾，希望到琉球能卖个好价钱。网巾是明朝男子每天都必须用来拢住头发的头饰。殊不知琉球男子并不使用这种东西，谢杰舅舅的网巾当然也就卖不出去了。谢杰为了帮助舅舅赚钱，公然背着崇业宣称，既然琉球奉中国之正朔，穿着打扮就应当和中国统一。如果你们男子不戴网巾，我们就不能举行册封大典！他这样一说，琉球人很快就把网巾抢购一空了。后来，“琉球人戴网巾”，就成了讥讽当官的利用职权强迫别人做买卖的一句口头禅，一直流传到清朝。[81]

但也必须看到，谢杰之所以如此，也有某种无奈。自古中国和外国的“朝贡”活动，就一直受双边贸易利润的驱动。出使琉球被称为“危役”，所有人都必须以生命为赌注。所以，国家才明文规定随船人员可以自带货物去琉球做点小买卖。但这次出使所得和前几次相比的确悬殊太大。第一是使琉之前，明廷已经解除了“海禁”，中国沿海居民也随时可以自己到琉球去做生意，琉球人就不必非要购买封舟带来的货物；第二是遇上崇业对过海人员和货物重量的严格限制！所以，据谢杰估计，这次全船贸易所得只是“三千余金”，按四百人计算，“人各八金耳。多者可十五六金，少者或三四金，或一金”。这不免令人“大失所望”！崇业和谢杰只好“捐廉助之，而后得全师以归”[82]，拿出自己的薪俸来补贴有关人员，激励他们好好工作，以确保返航的安全。

崇业一行返航的时间原定于十月十三日，但连日来因为风向不稳，“忽东忽西，无可准守”，只好推迟。

十月二十四日，封舟正式起航回国。当中国使节从天使馆乘车前往那霸港口时，琉球官吏百姓前来送行者“蝟集于道”，和来时一样十分热闹！中山新王尚永特派“看针通事一员”，善于操舟的“夷艄”数人，到封舟上协助中国船工一起工作。同时，又特令亲王兼长史马良弼等另驾一舟，与封舟一同出发，前来中国谢恩。

风云变幻　二次遇险

封舟顺风起航，顷刻之间，欢腾的那霸港就渐行渐远，若隐若现。连日来，一帆风顺，封舟在飞速前进！那高大的叶壁山、马齿山、古米山也变成一个个小如瓦罐的东西，在海上跳动、在船尾消失。秋冬之交的大海一片朗肃，万里湛蓝，波涛不惊，令人心旷神怡！

崇业对大海和航海比来时有了更深入的观察和体验。他以细腻的笔调写出了大海昼夜变化的奇观——

白天，凉风拂海，水天一色，满眼蔚蓝。海波时而平平，时而突突。海鸥逐浪飞舞，左右翱翔。波浪如“巨龙”，时而鼓动波涛，或如鳅之呼风，或如蜃之作雾。忽高耸如岭，忽平铺如毡，忽而搅动如汤羹，忽而拽白如舞练。忽如猛虎下蹲而欲跃，忽如飞鼠上窜而梭出。海声，有时像狂喜者在惊叫，有时又像悲愤者在咆哮。鬼斧神工，难以形容！

夜晚，月离参、井二星，天与海连，一片虚白。但见云霞隐曜、星汉流光。微风细浪，拍击成声。时而湍急，时而舒缓，时而高扬，时而平弱。有时还居然会发出笙簧金石的音韵哩！这时，正如古人所云，人在天上坐，旷襟爽骨，飘飘欲仙。如此良辰美景，乃大海之壮观，真不知人世间还有如此赏心悦目的美事吗？[83]

十月二十六日，依然是顺风航行。大家归心似箭。崇业下令楫师“五帆俱张”，全速前进！全速前进！！

不料就在这天晚上，忽然阴云四起，大雨滂沱！封舟被西风所阻，突然转而向北。和来时一样，船体开始颠簸起来，海浪不断拍击封舟，发出噼噼啪啪的声响。整个封舟“若屋宇将倾之状”。于是，船上的人开始感到“四方易位”，天旋地转，头晕目眩。崇业如实描述当时混乱惊恐的情况——

> 傍晚，阴云密布，大雨降临。封舟突然被风吹向北行。但是，北边洋面的风波更大。这时，封舟开始剧烈地摇晃起来。海浪冲击船身，发出嘎嘎巨响，有如大厦就要坍塌。船上的人们失去了方位感，有如在运动的水磨上旋转。不久，十有八九的人开始晕船、昏迷。大家都以为死神又要来临了。人们腿发抖，背发麻，惴惴不安，不知如何是好。甚至有人头昏眼花，神志不清。乃至分不清什么是真，什么是假；什么是船，什么是人；什么是我，什么是他。乃至有人把海说成是岸，把我说成是他。一切都形成空虚之状，一切都仿佛梦中之景……[84]

在危难之中，崇业却非常镇定。

他挺立“飞屋”，冷静地指挥着三位漳州水手，“坚与风（浪）为敌”！尽管封舟的舵叶被巨浪撕碎，他们很快又重新换上早已准备好的新舵。俗话说：心安茅屋稳。

不久，风浪开始减缓，封舟也渐渐平静下来。不料这时漳州水手突然大哭起来！他们告诉崇业说："我们当时只是不敢哭，生怕引起更大的恐慌。其实，航海的经验告诉我们，当时的封舟已危在眉睫，我们大家其实已经死了一次，是万能的天妃妈祖拯救了我们啊！"

三天之后，十月二十九日傍晚，封舟发现"台州山"跃出海面！全船人无不欢呼雀跃！正如副使谢杰所说，当时的心情恰似屡试不第的秀才忽然看见榜上有名；又如贫困要死的乞丐突然捡到金子一样，惊喜万分！[85] 十月三十日，封舟由台州、温州进入"望晴屿"。十一月初一日，封舟驶过台、奎二山。暂时因为无风送航，只好就地停留一天。十一月初二日，封舟经黄崎驶入定海港。前后历时九天。

十一月初五日，崇业一行进入福州城。福建巡抚、按察使等地方大员率百官士绅、父老乡亲出城欢迎、慰劳他们，共同祝贺封舟胜利返航，祝贺崇业一行圆满完成了国家的使命。

纵论外交

福建方面的应酬结束后，崇业又陪同琉球国长史马良弼一起来到北京城。马良弼代表琉球新任国王尚永，觐见万历皇帝，献上方物，以示感谢。万历皇帝也按制回赐给琉球国一些礼物。

觐见活动结束后，马良弼又私下向崇业一人献上黄金，崇业第四次严正拒绝了他的馈赠！这次，崇业非常严肃地对马良弼说：“我萧崇业和琉球君臣并没有任何个人私交。我们到贵国是奉命执行公务，绝不能因此接受贵国和你的私人礼金。你们也不能以此一再侮辱我天朝大国的礼制！”同时，崇业觉得不能隐瞒该国先后向他私送礼金的事情。于是，崇业公开向朝廷汇报了此事，请示朝廷应该如何处置。万历皇帝下诏将金子交还马良弼，由他自己带回琉球国。后来，史官将萧崇业“却金”之事正式载入国家《实录》曰：“万历八年冬十月乙丑，琉球中山王差王舅马良弼进贡方物，给赏如例。十一月己卯，光禄寺少卿萧崇业疏辞琉球馈金，诏该国使臣携去。（《明实录·神宗实录》卷一〇六）百官同僚们设宴招待崇业。大家纷纷对崇业一行克服艰难险阻、顺利完成国家册封任务表示热烈的祝贺！在熙熙攘攘的人群中，崇业突然发现“镜机子”也在其中！只见他忽然闪出座位，和崇业展开了一场关于“外交及琉

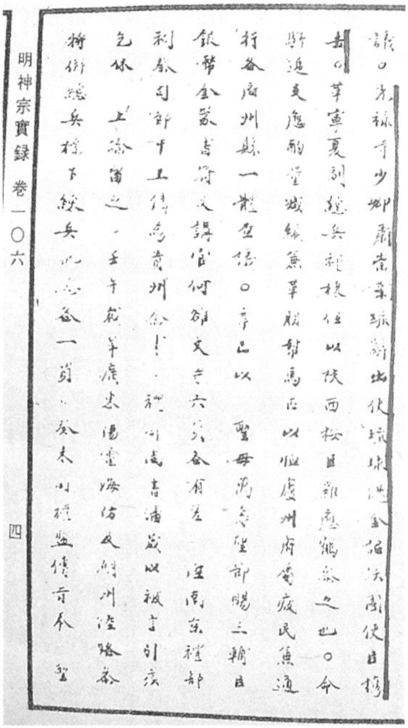
明神宗實録　卷一〇六　四

《明实录》记萧崇业“却金”事

球”的大辩论。

“镜机子”先扬眉挤目地说道：

真了不得啊！可敬可佩！可敬可佩！痴人您果然航海归来了。但是，我听说从前子路表示愿与老师一起“浮海”，夫子却批评他“好勇”；大臣薛广德上书反对汉元帝乘舟巡游，元帝却赞扬他的“直言”。福祸之变不过瞬息之间。所以，每当我们读到柳宗元那篇规劝海商不要冒险牟利的《招海贾文》，今天还感到非常害怕！您能免于风波之险，顺利返航，就算您有贵人的福份。但我们认为，懂得治道的人，只要修好自己的道德文章，就能征服远方的人们，绝不能损害中国的利益去亲附蛮夷。而您却为了琉球这个蕞尔小国，甘冒葬身鱼腹之险，去抬举他们的地位。我实在真的深感困惑不解啊！

崇业深深地明白，“镜机子”这番话，并非只是他一人之言、一己一见，实在是代表了一种传统的、非常保守和错误的外交思想。特别是他们对于那些与中国海疆相连的海国的无知和傲慢，必须加以驳斥。

于是，崇业立即迎头痛击，一针见血地指出：

先生虽然善于高谈阔论，但我看您实在是一

个不懂不通、浅薄琐碎之人啊！您毫无宽广远大的视野，只因为您不懂得我们中国一向是以边裔为屏藩的历史。您固守腐儒井蛙之见，天天吃着国家的俸禄，又处处规避危险的职责，哪里有通儒达士的情怀？！

崇业接着说：

我们远古的贤君早就明白，必须扩大自己的生存空间！他们经营八方，关注四野。既要严守住九州固有的国土，又要抚慰遥远弱小的边裔。他们北征南联，轺车亲巡，舟楫互访；使者交错，往来不绝。至于当今的皇上和国家，更是德威邻邦，使周边的藩国安定不乱，远方的夷王乐于称臣。朝贡赏赐，数以万计。其中琉球和中国互惠互利，源远流长，又岂能和那些非常落后的部族同日而语呢？您要是真的不知道，就请听我简要地介绍一下吧。

崇业首先论及琉球史地和中琉关系，说：

琉球自古未能归化于谁。它地处闽粤之东，远望日本，近观日出日落。它的周边还有不少岛屿。国中草木繁多，千奇百怪，鱼类奇特，难以描摹。海鸟飞翔，五颜六色。琉球的人种据说可能与中国古代“琴高幻化”等神话有关。所以，这里民风淳厚，语言多样。[86]

琉球自古就深受中国文化的濡染。他们仿学中国设立职官。其中主管刑法的叫做“察度”；主管咨询的叫做“耳目”。还设有翻译、外交官和长史，随时听令于封王。琉球王族的地位很高，也有赐姓的规定。土地和赋税制度，一仿中国的井田制。

琉球人信仰佛教。而读书人作诗则爱模仿唐人。他们更希望能到中国来留学。他们精于棋艺和数术，他们所贡方物和与中国交易的产品主要有刀、钩、胡椒、苏木、硫磺、奇石、降香、良马……琉球交通方便，如果风帆顺利，很快就能到达中国。

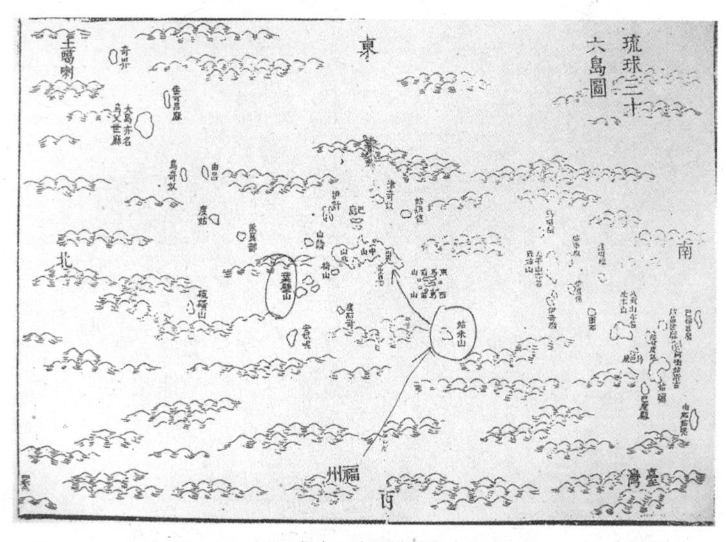

琉球三十六岛图

崇业从琉球进一步引申到国家外交活动的重要性：

近来，海外东边和西边的许多国家都相继归顺中国；交南、漠北也先后感化于天朝。他们的使臣纷纷跋山涉水来到中国，献上珍奇的瑰宝。京城的驿馆都住满了外交使节。我大明天子弘扬“中外无异、华夷一家”的外交理念。命乐官征集四裔民族的音乐，学习远方异族的舞蹈，以此亲和四方八面的国家。每年冬至，天子都要于黎明时分亲行郊祭大礼，为四方八面的国民祈福。这正如《诗经》所云“天子有威望之师，夷狄有感恩之情”。吉祥的愿望已宣布天下，伟大的功绩将传诸千载。这正是最好的时机啊！

崇业接着说：

有鉴于此，琉球虽远在海外，岂可得而弃之？使臣为国务奔走，又岂可随便停止？况且兼容并包本是中国的战略传统，向普天下宣布国家的威德和外交政策，本是人臣的当务之责。所以，当年汉武帝要开通西域，张骞就不辞劳苦地出使月氏；隋炀帝为了掌握海外民情，朱宽就长期留驻琉球。如果没有这些和平的外交活动，耕织也许会荒废；战争和杀戮也许会出现；边民惊恐，百姓遭殃，各种暴行和边患也许就会不断产生！

崇业最后进一步斥责“镜机子”说：

如今朝廷仁厚，中原和睦，恩德远播。海外有不来亲附中国者，大家都会耻笑它。而您身为中国自己的士大夫，却不歌颂这一盛世恩德，简直还不如一个普通的农夫！这次，我们以微弱的身躯，去担任如此重大的册封礼仪；我们漂洋过海，冲风逐浪，本来就十分危险，您非但毫无同情之心，反而拿什么柳宗元的《招海贾文》来揶揄和吓唬我们。您觉得这样做合适吗？！

“镜机子”听罢崇业有理有据的论述，深感惭愧！他马上向崇业道歉说：“看来这件事情关系重大，的确是浅薄之人说不清的啊！”说完就退下台阶，不断拱手，想要溜走。崇业拦住他说，且慢！请回到您刚才的座位上。再让我送您一首《航海》诗吧——

大明天子恩德，远播四方。
中山世子请封，本有规章。
大明皇帝降旨：封他为王。
赐给冠冕皮弁，王侯服装。
显赫册封诏书，使臣宣章。

远航一帆风顺，海神助襄。
祝贺琉球君民，幸福安康。
祝贺琉球王统，繁荣盛昌。[87]

崇业等出使琉球归来之后，中琉两国之间交往次数明显增多，如，万历九年（1581），琉球国王派遣正议大夫梁灿等人入贡；万历十一年（1583）又派遣正议大夫郑礼等人入贡谢恩；万历十九年（1591）、万历二十三年（1595）、万历二十七年（1599）、万历二十九（1601），连续几年，中琉双边都互有贡赐和交往。[88]

急流勇退

万历八年（1580），崇业因出使琉球有功，升任兵科都给事中，总管兵部所有给事中和监察工作。副使谢杰也先后升任京兆尹、副都御史、户部尚书等要职。[89]但是，和副使谢杰相比，崇业往后的仕途却并不如此辉煌了。他一到兵部，就遇到了“俺答问题”。

明初的边患主要来自北方蒙古鞑靼部落，他们倚仗骁勇的骑兵，常常搅得中国北部边疆不得安宁。隆庆四年（1570），明廷内阁大臣高拱、张居正等，与鞑靼达成协议，册封鞑靼首领俺答为“顺义王”，并开放边境口岸一处，使其能通过“藩王”的特殊身份，又借助边贸而获利，从而减少北方的边患。这就是所谓“俺答封贡”。

但册封和互市形成的和平，只不过是暂时的缓和，并不牢固长久。事实证明，“俺答封贡”之后，首先，边防因表面的“和平”和“裁军”而松弛，但是大量军饷却照旧落入边帅的私囊。其次，朝廷必须随时花费大量钱财来迎合俺答，维持稳定。更为严重的是，俺答和明廷的军事冲突实际上也并没有消停。

据《明实录》记载，隆庆五年（1571）十二月，蒙古军侵扰辽东，总兵官李成梁等率师御之于卓山等处，大破之……万历三年（1575）二月，辽东谍报，蒙古、土蛮军入犯，十二月，攻入平虏堡，鞑靼五百余骑从平川堡进攻……万历四年（1576）十一月，北虏王蛮速把部入犯威远堡……万历五年（1577），土蛮入犯锦州……万历七年（1579），蒙古、土蛮四万余骑从前屯、锦州营等堡攻略……万历八年（1580）十一月，蒙古纠众犯锦、义、大凌河、右屯等处。总兵官李成梁率领军丁奋勇反击……万历九年（1581）正月，蒙古二万余骑侵犯辽东，从大镇堡入境，突攻锦州，又分兵侵掠小凌河、松山、杏山等地。李成梁督兵驰援……

崇业早年曾在兵部工作过，当然熟知这一情况，这次重回兵部之后，他毅然上书反对这种靠金钱和退让维持虚假“和平”的政策。他指出，俺答部落日益骄蛮，明廷用于“维稳”的费用不断增加。无异于刮削人民的膏血去做无用的献媚。还不如用武力一次性地制服俺答。这样既可以节省“维稳”的费用，也才能得到真正持久的和平。

尽管朝廷不少人也非常支持祟业的意见，但这种观点和当年促成“俺答封贡”的权臣张居正的政策正相反对。所以，我们看到，不久祟业便被调离兵部，改任光禄寺少卿，此后又转太常寺少卿。这两个机构总体说来是属于文化和宫廷服务机关，主要是负责国家祭享、宴会、礼仪，以及管理各地进奉皇宫的银两、米粮、特产方面的事情。少卿则属于该寺副长官，虽说级别比原来略高一点，但比起兵科都给事中的责权，不过是明升暗降了。

万历十一年（1583）闰二月，在任太常寺少卿时，祟业又曾按制一度兼管过“四夷馆”的工作。[90]

四夷馆是明朝负责培养翻译边疆少数民族和邻国语言的机构，相当于明朝全国最高级别的外交和外语学校。永乐五年（1407），初设鞑靼（蒙古）、女直（女真）、西番（西藏）、高昌（维吾尔）、西天（印度）、回回（阿拉伯）、百夷（傣族）和缅甸等八馆。以后又增加了八百（掸族或傣族）、暹罗（泰国）二馆。生源主要从国子监选派。最初情愿入馆学习的人并不多。后来，因为外交和外贸“热门”起来，四夷馆学生的出路优渥，所以来馆学习的人也越来越多了。

值得一提的是，除了祟业之外，曾经先后任四夷馆正卿、少卿和教师的滇人还有云南保山人张志淳、云南安宁人杨一清、云南建水人夏风朝。[91]

祟业之所以被命为四夷馆少卿，也可能与他曾出使琉球、熟知外交礼仪有关。但遗憾的是，他在四夷馆只是留下职名，没有更详细的任职情况和年限记录。但我们知道，万历十一年（1583）十一月，崇业又调离太常寺和四夷馆，被提升为南京太仆寺正卿。[92]

太僕寺少卿
蕭崇業 字允脩號乾養雲南臨安衛籍應天府上元縣
人隆慶五年進士萬曆元年五月由庶吉士授
兵科給事中三年陞工科右戶科左四年奉使琉球八
年陞兵科都尋陞光祿寺少卿歷太常寺少卿提督四
夷館陞南京太僕寺卿
秦燿 字道明號舜峰直隷無錫縣人隆慶五年進士
萬曆元年五月由庶吉士授刑科給事中三年
陞兵科右禮科左四年以憂歸七年復除刑科左八年
陞吏科都十年陞太常寺少卿十二年改提督四夷

四译馆文献记萧崇业职任

太仆寺统于兵部，是掌管军队牧养及战马的官署。永乐迁都之后，北京和故都南京仍然保留了职任相同的官署。南京太仆寺简称“南太仆寺”，它相当于国家第二太仆寺。太仆寺设正卿一员，从三品；少卿二人，正四品。下有寺丞、主簿等吏员。

自明初以来，军队的战马主要分养于军卫和民间，配有专门的牧场，定有专门的政策，形成一套复杂的管理体系，史称“马政”。其中，管理民间养马的制度又最为烦琐复杂。从分发种马、牧场，计算马驹，直到最后验收战马等等，都要由太仆寺和有关马政的地方官吏共同负责，由此就常常发生很多利益冲突和矛盾。明中叶以后，由于豪强、贵族侵占牧场，马户的经济负担沉重以及管理措施过于烦琐等原因，导致马政日益废弛。

早在万历十年（1582）崇业任光禄寺少卿时，他就针对马政提出过改革建议。他曾上书反对战马寄养于民间。他认为，将“种马寄养地方，官员催征本折，殿最不一”，也就是说，验收战马的好坏和折算经费的标准难以统一。万历十二年（1584）八月，崇业便正式提出“种马累民，所应永罢”的合理建议。[93]

崇业任南太仆寺正卿时，明廷已经下令彻底废除了民间代养战马的制度，改由原来的马户按所得牧地交纳一定的银两，集中起来，再由政府向西北蒙古部落买马，或者用茶叶换马。即崇业所谓“以良田为厩，褭蹄为驹”[94]。这样一来，原来管理马政的许多官吏就应该大量裁减。但事实却并非如此，南京太仆寺额设的“马官”非但没有真正裁去多少，反而因“改革”而虚设出不少新的机构和职官。针对这一弊端，崇业又提出四条建议，其核心内容是加强人才荐举和监察工作，精减人员。使马政一时大兴。

不久，崇业又升任南京都察院右佥都御史，正四品官，相当于国家第二监察部的“第三把手”。同时，按制度还“兼领提督江操”。

所谓“江操”，又称“江防”，始于明太祖朱元璋。朱元璋定都南京，以长江为天险。明廷在南京城南新江口设立军营，练习水军。初为八千人，后增至一万二千人，配有战舰四百多艘。与北岸浦子口陆军互为犄角，负责防范安庆至苏淞一线的寇盗和倭寇的侵扰。最初“特敕勋臣为总帅”，指挥江防，后来也兼用御史。直到明末，“提督江操”依然负有监察长江防务的重任。[95]崇业在任内，勇于监察，教习水战，严禁官吏“窝里斗”。取得了显著的成绩。

然而，正当他的事业如日中天的时候，却发生了一件不得不使他远离官场的事情。

万历十三年（1585）七月，作为负责管理监察御史的官员，崇业发现有少数御史挪用“赎锾”——相当于今天的执法官员把别人缴纳的“罚金”挪为他用，这当然是一种违法行为。于是他秉公向上级举报了这件事。不料万历皇帝知道后震怒，诏令“逮治”这些御史。崇业认为，挪用毕竟不等于贪赃，这样苛严的处罚并不恰当。好像牛不小心踏入稻田，就非要把牛杀死一样，未免太过分了。于是他又上书政府，呼吁营救这些御史，崇业的意见得到了当时舆论的普遍赞同，但显然也因此触怒了万历皇帝。

这时，正值崇业的母亲身体不适，本来也算不上什么大病，但他却乘机上书请求辞官回乡，孝养母亲。

崇业已经厌倦了比汪洋大海更加凶险可怕的官场！崇业深知，自己从射策入仕以来，除了出使琉球之外，诸多正确的意见和建议并没有得到应有的关注，反而处处遭到非议。因为，它们多半是直接针对当权者而发的。这次，他为御史呼吁，更是直接冲撞皇帝的“抗章”行为！所以，他无意再为此继续遭受折磨。

万历皇帝有鉴于崇业要求辞官的“态度十分恳切”，于是就顺势批准他“暂时”告假回家。时间是万历十三年

（1585）十月。[96]

崇业离开京城时，他的同年好友吴中行有诗相送。吴中行，字子道，江苏武进人。他和崇业是同榜进士和同科翰林，也同样是一名正直的官员。吴中行也曾因为非议张居正而惨遭“廷杖”，削籍为民，屡起屡废。我们从他送别崇业的诗中，分明能读出崇业因“抗章”而急流勇退的心情：

开府新弹执法冠，抗章何事问征鞍！
一时乔岳旂常重，千里长江节钺寒。
愧我从王仍去国，羡君将母且辞官。
相违更隔天南北，知己论交到处难！[97]

眺望东海

崇业以国家大员的身份暂时告假回乡，并非正式致仕（退休），更不是因罪被遣，按明清制度，即便是退休的官员回到故乡，也应是典型的“乡官”，完全有资格“参政”“议政”，更何况崇业出使琉球之功，朝野上下无人不晓，地方百姓无人不知。但崇业回家后，却非常低调地在故乡生活。

崇业大多时间待在母亲的身边。他从不干扰地方政事。据地方志记载，他“绝迹公府，有造其庐者亦鲜得游”[98]。他几乎没有进过地方衙门，深居简出，很少和人来往，即便有人专门到家里拜访过他，也未必能和他建立什么“友好”的关系。崇业也从不因为自己曾贵为国家正使而骄气凌人，仍然保持着坦诚谦和的人格。但如果是乡里乡亲之间发生争斗，他会出面加以调解，尽量化解矛盾，使双方“绝无忮懻”，再也不互相忌恨了。

有一次，蒙自地方某军官不能约束部下，以致有的军人胡乱把驻军附近的民房拆毁。乡人将此事告知崇业，希望他能出面管管这事儿。崇业当时默默无语。过后，他却私下用自己的钱，雇工匠把拆毁的房子修好，从而化解了一场军民之间的矛盾，得到地方军民的一致好评。[99]

崇业也是个忠孝之人。他回乡两年多，母亲戎夫人便渐渐地康强起来，但他自己却先是眼睛患病，后来又不知得了什么病，竟然日益严重起来。

弥留之际，崇业把家人都叫到床头。他首先面对北方行礼，以谢国恩。然后又对母亲说：“儿子我为官不谨，以致丢了官职，没有薪俸来孝养母亲。这样的儿子活着又有何用呢？”说罢，又转身对儿子汉卿说：“今后你一定要替我善待你的祖母，使我们母子二人在阴间相见时，其乐融融！”一席话，使在场的人都落下悲伤的泪水！

约当万历十六年（1588），崇业便潸然离开了人世。按有关史料推算，他去世时大约年仅四十四岁，堪称英年早逝！[100]

据雍正《续建水州志》记载，崇业去世前，明中央按高官选任制度，已经“廷推”崇业为内阁大学士。[101]我们从后来万历皇帝的祭文可以证明这条消息可能是准确的。只可惜已为时太晚了。

崇业去世后。归葬于建水白鹤山萧氏祖茔。万历十九年（1591）二月初五，万历皇帝诏令云南布政司左参政虞德华，代表朝廷来到建水，祭奠这位杰出的外交使节和监察官，其祭文曰：

> 你生性诚实谨慎，才学通达，科举出身，翰林英才。你在朝为言谏之官时，表现不凡，为同僚们增光添彩。你不辞劳苦，航海使琉，捍卫了国家的礼节和尊严。此后，你历任北京中央各部首长；转而担任南京中央监察之官。殊料国家正需策划外交政策时，你却决意归隐山林；皇帝正想把你召回，委以重任，你却溘然长逝。追忆你往昔的功劳，我们深感痛惜！朕特此降旨祭奠你，以表达特别的恩典。如果你灵魂有知，希望你能领受。[102]

崇业的“神道碑”（墓碑的一种）由他的同年好友黄洪宪撰写。碑文用《诗经》“柔亦不茹，刚亦不吐”来概括崇业的人格，对他的英年早逝深表惋惜。据载，崇业著有《使琉球录》《奏稿》和《南游漫稿》三种，而今天我们只能读到《使琉球录》一种。

同年好友吴中行，根据崇业朋友在他生前为他画的

事中後擢南京都察院右僉都御史提督操江以養
母告歸未幾廷推內臺卒萬歷十九年二月朔五日
旨下遣雲南布政司左叅政虞德華諭祭文曰惟爾
性資篤慎才識疏通發跡制科儲英中秘立朝風議
有光青瑣之班航海賢勞不辱皇華之節比歷階於
卿寺尋領鉞於留臺方行樽俎之籌巳決林泉之志
名環有待溘爾長終追憶徃勞良深悼切特頒諭祭
用示殊恩爾靈有知尚其歆服
石屏城西巷曰繡衣巷以御史許鎡王夔龍張一甲
張漢咸居於此故名

臨安府志 卷之二十 雜記 五

建水蕭崇業致位清顯而明史無傳其奉使冊封琉
球見琉球國傳郤餽金見謝杰傳是時蕭官戶科給

万历皇帝诏祭萧崇业文

一张肖像，总结崇业不凡的人生说：

此人真正值得瞻仰，实为一代宗师！我和他早在翰林院相识。他形体端庄，神情不凡；相貌威严，内心冲淡。他立节义于外邦，容大海于心胸。他以七尺男儿魁梧的身躯，踏平东海千顷的波涛，好像一艘载重百斛的巨轮，稳如一尊储粮万斤的大鼎。奉命宣旨，扬威方国！他也曾任职六部，名重于皇上。百官敬重他的名望，学习他正直的人品和官德。他执掌监察大权，善于化解矛盾，平息争端。他的才干令大家钦佩，他德行内秀，使自己色泽丰润。他的相貌足以使一切号称福禄和道义之相者规避！用笔墨色彩难以描绘。这区区赞颂的文字，又岂能表达清楚呢？[103]

崇业的坟墓在白鹤山，位于建水城东北十五里。又称白鹤铺。据旧志记载，墓地“生气勃勃，外堂秀媚，四周山水环绕，多情状，势甚佳，罕有其匹”。墓前立有“内台都宪”“麟袍玉带”“赐一品服”等石牌坊。这里当为明代早期移民的公墓群。所以，还埋葬着明朝建水籍包见捷、李遇元两位翰林出身的名臣，连同崇业，被当地人誉称为“三翰坡”[104]。

崇业静静地躺在高高的白鹤山上，眺望着波涛汹涌的东海，讲述着滇人敢于担纲、不畏艰险、出使琉球的故事。崇业与“镜机子”辩论所提出的外交思想并没有过时。它时时提醒我们：切不可再像“镜机子”那样的腐儒，只知道陆地才是国土，只以为修好自己的“文德”就能搞好外交。它告诫我们，中国有广阔的海疆，漫长的海岸，山海相连，缺一不可。我们必须靠实力捍卫祖国神圣的领土和海疆；我们还必须用和平而有力的外交活动，来捍卫我们的尊严，来维护我们应有的生存和发展空间！

后继有人

又一位国家大使，
从云南走出。
从萧崇业到杨抡，
以自己的亲身经历，
为祖国神圣的海疆和岛礁，
增添了有力的佐证。

杨抡使琉

万历十九年（1591）中山王尚永去世。世子尚宁监国。万历二十三年（1595），琉球国按制又派使臣来中国请封。这时，关于如何履行册封制度，明廷内部却产生了不同意见的争执。

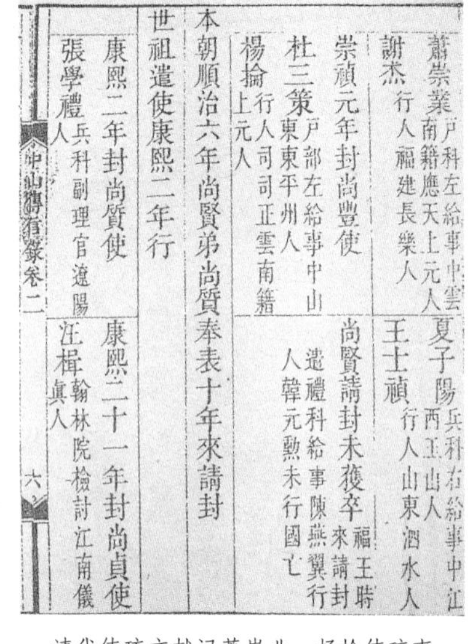

蕭崇業戶科左給事中雲南籍應天上元人
謝杰行人福建長樂人
崇禎元年封尚豐使
杜三策戶部左給事中山東東平州人
楊掄行人司司正雲南籍上元人
夏子陽兵科右給事中江西玉山人
王士禎行人山東泗水人
尚賢請封未獲卒福王時來請封
遣禮科給事陳燕翼行
人韓元勳未行國亡
本朝順治六年尚賢弟尚質奉表十年來請封
世祖遣使康熙二年行
康熙二年封尚質使
張學禮兵科副理官遼陽人
康熙二十一年封尚貞使
汪楫翰林院檢討江南儀眞人

中山傳信錄卷二 六

清代使琉文献记萧崇业、杨抡使琉事

福建巡抚许孚远首先提出，当下“倭氛未息”，为了规避日益猖狂的倭寇和安全起见，他建议不必再派使臣造舟隆重出使琉球，采用所谓“领封之议”，即派官一员“赍敕至福建”，让琉球国使臣前来“面领归国”；或者派一个熟悉航海的武臣，与琉球国使臣同往该国册封即可。但他的提议首先遭到琉球国的反对。万历二十八年（1600），琉球国世子再派使臣前来中国，坚持“请如祖制遣官”册封。而礼部官员余继登则支持许孚远的意见，他认为，“累朝册封琉球，伐木造舟，动经数岁。使者蹈风涛之险，小国苦供亿之烦”。他建议按许孚远的意见办理。

万历皇帝最初也大体同意只派“廉勇武臣一人，偕请封陪臣前往”琉球，但是，“其祭前王、封新王礼仪，一如旧章”不变。态度比较犹豫。[105]

时至万历二十九年（1601）秋，琉球国贡使第三次来华，“仍请遣文臣”到该国按旧制举行册封大典。于是，万历皇帝又稍稍改变了主意。他基本同意琉球的请求，决定以兵科给事中夏子阳为册封正使，以行人司行人王士祯（山东泗水人，与清初王士祯重名，并非一人）为册封副使，准备“待海寇息警”，选择安全之时，渡海行事。万历三十一年（1603）二月，夏子阳一行抵达福建。

然而，福建地方官仍以“海上多事，警报频仍”为由，建议不必造舟前往。夏子阳和王士祯则提出了不同的看法。他们认为，明朝泱泱大国，对属国不可不坚持礼仪制度，国家既然出言，就不可爽约，使臣就不可背义。应当坚持按制度完成使命“以慰远人”。与此同时，礼部侍郎李廷、御史钱桓、给事中萧近高等也“交章争其不可”。他们认为，反对出海之议在“钦命未定”之前，不应当在“册使既遣”之后，“宜敕所司速成海艘，勿误今岁渡海之期”。即便要改，也等这次册封大典完成后，再“定为画一之规，先之以文告，令其领封海上，永为遵守”。万历皇帝最后终于决定完全按旧制造舟出海。万历三十四年（1606），继萧崇业、谢杰之后，夏子阳和王士祯又扬帆出海，完成了册封尚宁为中山王的外交使命。[106]

不可否认，这次册封之所以会出现不同意见，的确与日本的日益强悍、明廷外交政策的孱弱和犹豫有关。

如前所述，因海域相连，日本也常与琉球有着商业和人员来往，迄近代西方列强来到东南亚之前，琉球优越的地理位置，一直处于东方海上贸易的重要地位，史称“以舟楫为万国津梁”！特别是明朝，它与中国的朝贡贸易几乎相当于亚洲各国的总和，这一点，尤其使日本垂涎三尺，几欲取而代之。

万历三十七年（1609）三月，与琉球隔海相望的日本萨摩藩，派大将桦山久高悍然武装入侵琉球，攻占那霸，大肆抢夺其珍宝，公然将琉球国王尚宁押往江户（今东京），请江户幕府“发落”。但这时的日本人明白，琉球的背后还站着一个强大的明王朝。所以，当时江户幕府非但不敢乘势灭亡琉球，反而以最高规格的礼仪接待了琉球王尚宁。史载，尚宁当时身着大明封王冠带，乘坐国君凤辇，入见德川家康。德川家康盛情款待了琉球国王一行，又将他送回那霸，继续称王。

然而，这一事件毕竟是日本吞并琉球的开端，由于当时明王朝对琉外交的疏漏和冷漠，致使尚宁虽然得以归国称王，但又被迫出具“誓文”，也表示对萨摩藩的效忠。从此，琉球被迫形成中国和日本“两属”的局面。同时，还忍痛让萨摩藩割去了奄美列岛（今属日本鹿儿岛）。江户幕府也乘机控制了琉球与中国的朝贡贸易。

遭到日本侵略蹂躏的琉球，国力残破，亟待支持。虽然处于这种情况之下，琉球依然把中国作为自己的宗主国，依然按例向中国朝贡；依然将日本的军事动态随时报告明廷，以利中国沿海备兵防范。[107]

但与此相反，明廷却并没有给琉球更多有力的支持和援助，反将琉球朝贡的周期由原本两年或一年一贡，改延为“十年一贡”。万历四十一年（1613），琉球修贡如故。次年，琉球使者到福建要求上贡，福建守臣遵朝廷命令“却还之”，琉球使者只好怏怏而去！这无疑极大地疏远了中琉关系，也自然助长了日本吞灭琉球的野心。

泰昌元年（1620），琉球王尚宁卒，膝下无子。琉球人立老王尚元的第四子，也就是尚永之弟尚丰为王。他时年三十二岁。天启三年（1623），尚丰遣王舅毛凤仪、正议大夫蔡贤（一作蔡坚）等来到中国，奉表贡马及方物，同时请求给予正式册封。天启五年、六年、七年，又连续派正议大夫蔡延等到中国，上贡请封。这时的明朝，由于明末农民起义及清朝大兵压境，国库空虚，内外交困，再加上万历间“倭祸”的影响等原因，故册封之事无法顾及，一直拖延不行，竟长达十多年之久！

崇祯帝即位后，琉球国又两次前来贺喜和请封。崇祯二年（1629）闰四月，礼部尚书何如宠有鉴于财政困难、航海风险等原因，上书皇帝，又提出不再造舟出使，让琉球自己前来“领封”的老方法。但崇祯皇帝却并不采纳他的建议，崇祯批复道：“封建海邦，用示无贰外。这袭封琉球国王，还遵照累朝遣官册封，一应礼仪事宜，参酌旧例行。”[108]态度十分坚决！

于是，同年六月，崇祯帝正式下诏，决定以户科给事中、山东人杜三策为册封正使，行人司司正、云南人杨抡为册封副使，一切按旧制造舟出海，册封琉球。这是明朝最后一次册封琉球，而杨抡也是继郑和、萧崇业之后第三位从云南走出的国家级外交大使。[109]

崇禎長編二十三
崇禎二年六月甲寅朔免朝
遣户科給事中杜三策行人司副楊掄册封琉球
帝偶疾大學士韓爌等投揭問安得旨朕偶感暑熱
痊愈但精神尚欠調攝目前緊要章奏照常省覽可
宜從容裁發覽奏倍宜珍護具見忠愛

《崇祯长编》记诏令杨抡使琉

遗憾的是，关于杨抡的史料太少，乃至前人将他误记为明朝云南临安府（今建水县）人。其实，杨抡是云南鹤庆府（今鹤庆县）人，佚其字号。我们据康熙《鹤庆府志》、民国《鹤庆县志》等记载得知，和萧崇业一样，杨抡的祖籍也是应天府上元县（今属南京市），同样是明初移民的后代。他的家庭情况不详记载。我们只知道，他于万历三十四年（1606）中举，和他同榜中举的还有他的侄子杨方盛。杨方盛后来官至应天府府尹等。此后，万历四十一年（1613），杨抡考中三甲第一百二十一名进士。

另据清代云南著名史家师范《滇系》所辑明人程嘉燧撰《送上党郡侯杨公入觐》一文记载，杨抡中进士之后，曾先在刑部任职。他为官严明清正，乃至“庭中号无冤”，没有冤假错案发生。后来，他又以“尚书郎出守潞安府”，从中央外放山西潞安府（今山西长治，古称“上党”）任知府。杨抡在潞安府为官清廉，深受当地士绅百姓的爱戴。万历四十七年（1619）春天，按政府规定，杨抡要离任前往北京参加官吏考核的“大计”。潞安府所属八县士绅特请布衣文人程嘉燧撰文为他壮行！文章称赞杨抡“为人温厚而直；敦大而敏，擅经术，精法比”，是一位性格温和敏捷、知识丰富的好官。大约通过官吏“大计”之后，杨抡才从潞安府调进明中央“行人司”，先任副职，后升为“司正”。行人司是主管发布皇帝命令的机关。[110]

杨抡出使琉球前，曾回过云南老家一趟。

据地方志所记鹤庆传说，他这次回乡，路经云南寻甸境内的关索岭，无意中捡到一个香囊，上面写着“天妃”二字，当时滇人并不知道这“天妃”是哪路神仙。不料杨抡回家后就生起病来。他怀疑是“天妃”在作祟，于是就虔诚地祭祀“天妃”。不久，果然痊愈。从云南返回北京后，杨抡便接到了出使琉球的命令。和崇业使琉一样，杨抡在事先准备使琉的官方文件中看到了祭祀海神“天妃”的祭文，这才明白，原来“天妃盖航海所拜之神也”。正是“天妃”早早向他泄露了这次航海的机缘啊！[111]这虽然不过是民间故事，但它被载入鹤庆地方史志，则充分反映杨抡出使琉球这件事，对鹤庆地方的影响不小！

关于此次册封，杜三策和杨抡二人都没有写下出使记录。但幸运的是，跟随他们出海的“从客”胡靖根据自己的亲身经历，撰有游记《杜三策册封琉球真记奇观》一文，又名《琉球记》，全文四千五百字，图文并茂，为我们提供了这次册封过程的基本事实。

据载，与当年崇业使琉一样，按崇祯圣旨，杜三策和杨抡先到福建打造封舟。或由于经济原因，这次造舟前后竟用了四年多时间！造好的封舟也要比崇业那次的大。舟长二十丈，宽六丈，入水深约五丈。首尾共五帆，主桅高七丈多。舵工十六人，水手一百六十人。总计从行人员约五百有奇。舟上共有二十四间舱房，顶层设有天妃殿，中有大堂，上置崇祯皇帝册封诏书等。随船带去的是纺织品、瓷器、药材、食品、文房四宝、日用品、工艺品及原料等等。

崇祯六年（1633）六月四日，和上次崇业一行一样，他们先由福建长乐行至广石，祭祀天妃妈祖，“建醮天妃，祈灵水圣”。应验了当年杨抡邂逅的“天妃之缘”。但和崇业上次“梅花开洋”不同的是，这次杨抡一行改从“五虎门”开洋出海。“五虎门”在“梅花所”之南，位于今天福州市连江县闽江入海口琅岐镇岛北面偏东的海口。也是当年郑和下西洋出海的一个地方。

他们这次出海，去时比较正常，一路顺风，封舟过零丁洋，经钓鱼岛、澎湖列岛等中国内海岛礁。四天之后，封舟行至中琉交界的姑（古）米山洋面。这时，海上出现了不少琉球小舟前来“护驾”。胡靖写道：“八日薄暮，过姑米山，夷人贡螺献新，乘数小艇，灭没巨浪中。比至，系缆船旁左右护驾。深夜，各举灯如江干渔火，上下零乱。镇守姑米夷官远望封船，即举烽闻之马齿山，马齿山即举烽闻之中山。世子爰命紫金大夫泊三法司统通国夷人，诣那灞（霸）候接。[112]”

这段文字的意思清楚表明，当时的姑米山属于琉球，不属于日本。而此前封舟经过的钓鱼岛、澎湖列岛等又不属于琉球！当封舟到达姑米山时，天色已晚，琉球镇守姑米山的官员只好采用海上烽燧的方式，以烟火为信号，向该国马齿山报告封舟到来的具体位置，再由马齿山以同样的方式，将封舟航行的信息再传递到琉球国。琉球国世子

扶之而去八日薄暮過姑米山夷人貢螺獻新乘數小艇滅沒巨浪中比至繫纜船旁左右護駕夜深各舉燈如江干漁火上下零亂鎮守姑米夷官遠望封船即舉烽聞之馬齒山馬齒山即舉烽聞之中山世子爰命紫金大夫泊三法司統通國夷人詣那灞候接次日舟到海涯即那灞港口

胡靖记姑（古）米山

封舟航经姑（古）米山图

遂命紫金大夫、三法司等率领民众到那霸港迎接中国使节。

杨抡一行到达琉球后，仍然下榻天使馆。杨抡住在馆后西边的小楼，名曰“听海楼”。他与正使杜三策、从客胡靖等人常常在此聚会赋诗。他们都有诗作题咏此楼。杜诗之句有“一帆多藉乘风力，万里长悬捧日心”。胡诗之句有“夜听龙鱼出水吟，一尊对月酒频斟”。只可惜杨抡的诗作尚未发现。

到馆的第二天，杜三策和杨抡先到琉球孔庙敬香。可见明末琉球已经建有孔庙了。然后再到天妃宫祭拜天妃。这时，琉球建有两座天妃宫。一座在那霸港，称“下天妃宫”；一座在天使馆之东，称“上天妃宫”。杜三策和杨抡到上天妃宫祭拜天妃。这座神宫规模较大，宫门南向。门前宽数十亩，凿有方池一区。宫门前立有石神两尊。进门有甬道通往神堂。堂内供奉着天妃神像。祭拜结束后，杜三策和杨抡应邀为天妃宫共同题书了“慈航普度”的匾额。它一直保留到清朝。

此后，两位册封使臣又按制先后主持了谕祭先王尚宁的仪式和册封中山新王尚丰的大典。当众宣读崇祯皇帝颁发给琉球王尚丰的诏书说：

> 皇帝敕谕琉球国王世子尚丰：我们得知，你的父王尚宁于泰昌元年九月十九日去世，你以世子的身份理应继承王位。朕特派户科右给事中杜三策、行人司司正杨抡，封你为琉球国中山王，继

续掌管国政，并赐给你和王妃冠服及彩帑等礼物。你的父王继承琉球国统，坐镇海邦，忠于职守，善始善终。他虽然曾遭到强邻的欺侮，但仍然使国土安全，大体平平安安，直到去世。你作为琉球王统的根苗，得到国人的拥护。从继位开始，就要加倍小心谨慎。遵循王侯的风度，恪守国家的典章。谨慎地率领你的臣民，用善政安定你的城邦。提早防范对外的通道，保守好天朝的边疆，无愧于你的先人，以此履行朕付予你的重托。钦哉！[113]

诏书明确提到琉球曾遭日本“强邻欺侮”的事实，希望尚丰进一步警惕和防范日本的侵略野心！

册封完毕后，杜三策和杨抡一行在琉球各地游历，并与当地人士进行经济、文化、艺术各方面的交流，还特意接见了明初移居琉球的“闽籍三十六姓”的后裔。在琉球期间，杜三策和杨抡还在琉球多处题字、撰文。例如，为天使馆题写了“每怀靡及”和“德配玄穹”二匾。在天使馆后楼墙壁上咏题“梅花诗”百首作为留念。还与琉球王尚丰一起观看了琉球宫廷画师、聋哑人钦可圣的现场作画。他们赞叹钦可圣的作品可媲美中国的著名画家顾恺之、王维，为近世所无！

有趣的是，在出使琉球的五个多月，杨抡和杜三策还先后度过了自己的生日。只是我们无法考证究竟是几岁的生日。为庆祝杨抡的生日，胡靖有诗一首云：

水国风云壮彩毫，松清鹤洁一仙曹。
岁星长映槎星拱，茆屋曾添海屋高。
节使中山仪凤羽，光瞻异域醉蟠桃。
皇恩应看飞丹诏，砥柱中流万顷涛。[114]

完成册封任务后，杜三策和杨抡一行于崇祯六年（1633）十一月八日从那霸登舟，候风返航。次日风顺，封舟扬帆出海。但是，回程并不十分顺利，行至十一日，风浪突然大作，“舵牙日折几十次，勒索皆断”，一位舵工也因此死去。情况非常危险。这时，他们连忙向船上用楠木刻成的天妃请求保佑。胡靖记载说，“经向天妃祈祷，遂化险为夷”。十一月二十日，封舟终于安全返回闽江入海口处的五虎门海港。[115]

壽楊大行
水國風雲壯彩毫松清鶴潔一仙曹歲星
長映槎星拱茆屋曾添海屋高節使中山
儀鳳羽光瞻異域醉蟠桃 皇恩應看飛

胡靖贺杨抡生日诗

杨抡回国后，官至光禄寺正卿，但他为官的具体情况则有待进一步考证。杨抡使琉之事对家乡父老影响很大。据民国《鹤庆县志》所言，若干年后，当地人也许不清楚谁叫“杨抡”，但却无人不知我们鹤庆出了个册封中山王的“杨封王”[116]！杨抡去世后归葬故乡鹤庆城东南的班登山杨氏祖茔。⑪⑦

生前，他曾从琉球带回了一把琉球刀。不知何时，杨抡把这件礼物送给侄子杨方盛，并向方盛讲述过自己这次出使琉球的情况。杨方盛也因此有诗作《梅天淬琉球刀有怀光禄》二章曰：

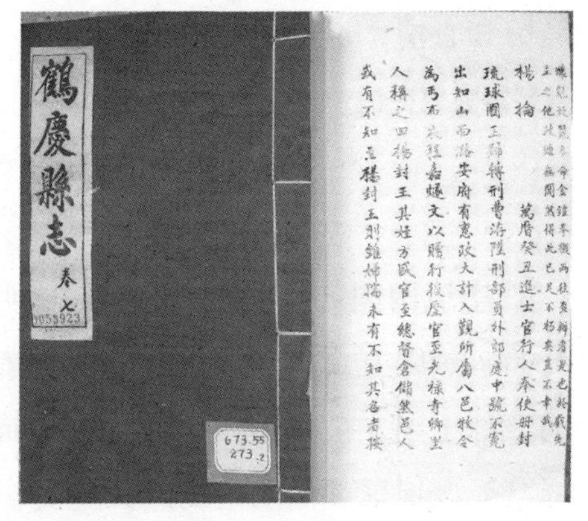
鶴慶縣志 卷七

楊掄 萬曆癸丑進士官行人奉使冊封
琉球國王歸轉刑曹游陞刑部員外郎庭中號不寬
出知山西潞安府有惠政大計入覲所屬八邑牧令
爲丐而未程嘉蟣文以贈行授歷官至光祿寺卿呈
人稱之四楊封王其姪方盛官至總督倉儲無邑人
或有不知忠楊封王則雖婦孺未有不知其為者按

民国《鹤庆县志·杨抡》

叔将刀出赠，云是大琉球。
海泛防龙合，天阴听鬼愁。
挥空霜欲落，脱匣水堪抽。
万里烽烟地，随身去莫留。

单刀新试舞，双剑旧能抡。
雨过腥闻血，风旋雪裹身。
对镮追想动，挂壁蒯缑尘。
醉后时还看，为忆赠刀人。⑪⑧

我们从诗句“万里烽烟地，随身去莫留”“雨过腥闻血，风旋雪裹身”中，分明能感到，当时的琉球国早已不像万历年间崇业使琉时那样安宁祥和了。杨抡一行临危受命的经历和心情，也于此可见一斑！

琉球的陷落

中琉两国之间的宗藩关系，从明朝洪武五年（1372）开始，延绵五百多年，直到清朝光绪五年（1879），古老的琉球王国才被日本在蚕食鲸吞的前提下,最后强改为“冲绳县”。琉球逐渐陷落的悲壮历史，完全应验了萧崇业杰出的外交思想，应验了“弱国无外交”的真理。

近代以来，日本“西南强藩”的兴起，促成了“明治维新”，也使日本逐渐变成了东方的列强。几乎与此同时，原本强大无比的中华帝国，反而日益走向衰弱和封闭。但是，颟顸虚弱的清廷君臣还沉溺在昔日“天朝大国”的梦呓之中。一方面，他们的确对自己日益衰落的制海力量缺乏足够的信心，未能及时响应琉球的一再请求，果敢地出兵保护自己的属国；另一方面，更为重要的是，他们日益缺乏开阔、长远的海疆意识，如同一个心胸狭隘的小农，他们心中的“国土”只是眼前的一亩三分地。所以，他们最容易接受“镜机子”之流阿Q式的外交理念——所谓“修文德以服远人”。躲在龙床底下，怕是怕你，出是不出来。这就是琉球逐渐陷落的历史大背景。

如前所述，尽管从晚明开始，琉球已经被迫形成中国和日本“两属”的尴尬局面。但直到清末，日本也仍然

2846

崇禎長編　卷四八

甲申琉球國遣使慶賀東宮進貢方物
乙酉候補禮科給事中趙東曦上言近來
不酌先後以致竭澤而漁窮民有立槁之勢
司先儘京邊方許雜放庶得稍免箠楚養此

十六

崇祯朝史书记崇祯十七年(甲申年)琉球朝贡

不敢公开下手吞并琉球。因为他们明白，只要清廷下定决心，完全有能力像施琅解放台湾一样，一鼓捣平日本！所以，从明末以来，琉球仍旧和中国保持着亲密的宗藩朝贡关系，仍旧按制先后十次派使节出使琉球：

崇祯十七年（1644），琉球派使臣庆贺崇祯帝册立太子，并贡献方物。

顺治六年（1649），清廷派招抚通事谢必振出使琉球，诏告新朝的成立。

康熙二年（1663），清廷派正使张学礼、副使王垓出使琉球，册封尚质为中山王，赐诏书一道、镀金银印一颗，并定其“两年一贡”。

康熙二十二年（1683），清廷派正使汪辑、副使林麟焻出使琉球，册封尚贞为中山王。康熙帝亲书“中山世土”大匾一块，至今仍然悬在那霸首里古城遗址中。

康熙五十八年（1719），清廷派正使海宝、副使徐葆光出使琉球，册封尚敬为中山王。

乾隆二十一年（1756），清廷派正使全魁、副使周煌出使琉球，册封尚穆为中山王。

康熙皇帝题“中山世土”匾遗址

嘉庆五年（1800），清廷派正使赵文凯、副使李鼎元出使琉球，册封尚温为中山王。

嘉庆十三年（1808），清廷派正使齐鲲、副使费锡章出使琉球，册封尚灏为中山王。

道光十八年（1838），清廷派正使林鸿年、副使高人鉴出使琉球，册封尚育为中山王。

同治五年（1866），清廷派正使赵新、副使于光甲出使琉球，册封尚泰为中山王。

但另一方面，日本已悄然窃取了琉球的对华贸易。他们躲在琉球人的背后以琉球国的名义和中国人做生意，乃至规定，如果一旦被清廷查出印有日本年号、日本人姓名的货物，宁可将货物扔进大海也不可露馅[119]。

日本公开侵略和吞并琉球发生在光绪五年（1879）。

这年，日本以松田道之为领队，再次武装“进入”琉球。三月二十七日，日本悍然宣布“废藩置县”，将琉球国改为“冲绳县”，开始对其实行直接统治，并不断威胁琉球，不准向中国朝贡，与中国断绝一切关系等。史称“琉球处分”。

这时，琉球君臣士民曾以生命和鲜血反抗这一野蛮的“处分”。许多人因此逃往中国，希望能得到中国的拯救。尽管清政府从未宣布放弃对琉球的宗主权，也曾与日本进行过多次“交涉”和“抗议”，但这种微弱的声音也只不过是嘴上说说而已，并没有也不可能以实际行动去支撑琉球的独立，去挽救这个千年古国应有的尊严。因为，这时，“镜机子”和阿Q之流的肌肉已经萎缩到极点。自顾不暇，哪里还有力气去帮助海外的朋友对抗侵略？

日本吞并琉球前后，琉球国曾多次派人密报中国，泣血呼吁中国能出面制止此事！坚决表示“生不愿为日国属人，死不愿为日国属鬼。虽糜身碎首，亦在所不辞”！清廷曾任命何如璋为钦差大臣出使日本，调查此事。何如璋是一个很有远见的外交官。他认为，当时的日本内忧外患，并不可怕，且日本侵占琉球并强逼其与中国断交，实属“无情无理，如痴狗之狂，如无赖之横”！他建议中国政府果敢出兵，坚决制止此事。何如璋还进一步指出，如果听任日本吞灭琉球，“他时日本一强，资以船炮，扰我边陲，台（湾）、澎（湖）之间，将求一夕之安而不可得”！

但当时的中堂大人李鸿章则认为何如璋低估了日本

的军事力量。更为迂腐的是，李鸿章完全看不清琉球等海国对于中国所具有的外交和战略意义，只是从区区经济利益方面去评估中琉关系。因此，他错误地认为“琉球朝贡本无大利。若以威力（与日本）相角，争小国区区之贡，务虚名而勤远略，非惟不暇，亦且无谓”[120]。其实质就是宁可放弃琉球，也不敢与日本开战。

清朝赐满汉文琉球国王印

但是，为了维护天朝大国的面子，李鸿章一面对琉球采取敷衍应付的态度，一面指示何如璋与日本据理周旋。当何如璋以严正交涉的言辞“得罪”日本之后，他又公然将何如璋作为替罪羊撤职回国。这时，正值美国总统格兰忒到中国和日本访问，李鸿章又希望格兰忒能从中调停。但是和今天的美国完全一样，格兰忒是暗中袒护日本的。光绪六年（1880）日本提出所谓“分岛改约”，即将琉球一分为三——南部邻近台湾的宫古、八重山等十一个岛归属中国，面积最小；中部十一个岛仍属琉球；北部三十六岛归属日本，面积最大。如此“分岛”的交换条件是修改原来的中日通商条约，允许日本到中国内地自由经商，享受一切最惠国待遇。

然而，清政府并没有答应日本这一阴谋要求！因为，当时的清政府希望保持琉球完整、独立的“宗社”，并不想占领其土地。但是，甲午海战失败后，琉球，连同中国自己的台湾等领土一起，统统成了日本强盗野蛮和非法抢得的猎物。

痛心的历史教训一直延续到当代。抗日战争胜利之后，美国总统罗斯福有鉴于日本是用不正当手段抢夺的琉球，应予以剥夺。为此，他曾征求过蒋介石的意见，希望将琉球群岛交给中国管理。但忙于打内战及争夺东北等地的蒋介石，也和明朝的“镜机子”们一样，表示对海外的琉球不感兴趣。

但是，俗话说强扭的瓜不甜。琉球终归是琉球，不是冲绳！文化深层结构的差异，使它始终与日本本土难以融洽。日本吞并琉球前，琉球官方多使用汉语汉字，民间说琉球方言。日本吞并琉球后，直到今天，冲绳人依然说着不同于日本本土的方言。1945 年惨烈的“冲绳之战”，日本法西斯曾以“间谍”罪名处死众多的琉球人，强迫琉球居民集体跳海自杀，等等。日本著名作家大江健三郎所著《冲绳札记》一书，深刻揭露此事，批评日本主流文化和人群歧视千百万曾为日本付出牺牲的琉球土著居民。大江竟因此被人告上法庭。

但事实证明，迄今为止，本土日本人依然将琉球人视为异类。反之，冲绳的琉球人也从不否认是日本人武力侵占了这块古老而独立的土地。所以，今天的冲绳依然涌动着强烈的“琉球复国运动”！琉球大学在 1996 年所做的一项调查显示，百分之三十八点四的冲绳人认为冲绳应在财政预算方面独立，百分之十三点二的人认为冲绳应在除外交以外所有方面独立，百分之三的人认为冲绳应该完全独立。同时，冲绳居民有百分之四十二点六称自己为“冲绳人”，百分之三十一点二自称“冲绳人”和“日本人”，只有百分之十二称自己为“日本人”。[121]

1972年，美国将冲绳的所谓“管辖权”赐还日本。其目的只不过是把冲绳建成一个保护日本本土、保护美日同盟安全的一块军事基地。

即便如此，所谓“冲绳管辖权”也不应当包括钓鱼岛及其附属岛屿。因为，它们自古就并不属于琉球国的范围！明清时期有关琉球的众多图籍明确昭示：“琉球国三十六岛”压根儿就不包括钓鱼岛及其附属岛屿，更没有什么“尖阁列岛”之名！所以，钓鱼岛及其附属岛屿从古到今，任何时候也绝无任何理由归日本来“管辖”！

铁的事实是：钓鱼岛及其附属岛屿一直位于中国通往琉球的中国内海航线之上。明朝云南萧崇业等绘制的《琉球过海图》、杨抡等人的文字记载，都有力地提供了一个个亲身经历的佐证！

注 释

① 译自萧崇业：《航海赋》，载萧崇业、谢杰：《使琉球录》，续修四库全书本。按，以后凡引注同一书、篇，不再一一注称版本。

② 〔清〕师范：《滇系》卷七《典故》之七《郑和》，嘉庆十三年刻本。

③ 参见〔明〕黄洪宪：《碧山学士集》卷五《南京都察院右都御史建水萧公神道碑》，万历刻本。又，方树梅辑、刘景毛等点校《滇南碑传集》卷二。云南民族出版社 2003 年版。以下萧崇业主要生平事迹凡不注出处者，皆据此《碑》文改编。

④ 参见正德《云南志》，抄本，景泰《云南图经志书》，标点本，云南民族出版社 2002 年版。

⑤⑥ 《明实录·正德实录》卷九九、卷一〇一，台湾中央研究院历史语言研究所校印本。

⑦ 按，以上有关临安卫和新安所的论述，参见朱端强、白云：《明代新安守御所考述》，载《云南师范大学学报》1996 年 5 月。

⑧ 参见张居正：《张太岳集》卷一六，续修四库全书本；又，肖少秋：《张居正改革》，求实出版社 1987 年版。

⑨ 按，以上有关童试、乡试、会试及庶吉士选考的论述，参见海凇、朱端强：《云南考试史》上卷，云南人民出版社 2013 年版。

⑩ 〔明〕黄洪宪：《碧山学士集》卷五。

⑪ 参见《明实录 · 神宗实录》卷一三。

⑫ 参见《明实录 · 神宗实录》卷一六。

⑬ 参见曹国庆《万历皇帝大传》，辽宁教育出版社 1994 年版。

⑭ 参见《明实录 · 神宗实录》卷一八。

⑮ 参见《明实录 · 神宗实录》卷一八。又，孔潮丽：《封疆大吏 · 江苏、安徽巡抚》，农村读物出版社 2004 年版。

⑯ 参见岑仲勉：《黄河变迁史》，中华书局 2004 年版；又，王云：《封疆大吏 · 山东巡抚》，农村读物出版社 2004 年版。

⑰ 参见《明实录 · 神宗实录》卷三七。

⑱ 参见岑仲勉：《黄河变迁史》。又，汤纲、南炳文：《明史》，上海人民出版社 1985 年版。

⑲ 参见《大明会典》卷一四五《驿传》，续修四库全书本。

⑳ 参见《明实录 · 神宗实录》卷四二。

㉑ 参见《隋书 · 东夷传》、两《唐书 · 东夷传》、《宋史 · 外国传》、《元史 · 外国传》、《明史 · 外国传》、《清史稿 · 属国传》等，中华书局标点本。

㉒ 〔清〕徐葆光：《中山传信录 · 中山世鉴》，续修四库全书本。又，雍正《福建通志》卷六四《琉球国》，文渊阁四库全书本。

㉓ 曹些：《古代福州港的对外往来和海关机关》，载

福建省政协文史委：《福建文史资料》第十辑。

㉔ 〔明〕谢杰：《琉球录撮要补遗》，载〔明〕夏子阳、王士祯：《使琉球录》，续修四库全书本。

㉕ 参见《明史·外国传·琉球》，中华书局标点本。

㉖ 〔明〕徐学聚：《国朝典彙》卷一六七，四库全书存目丛书本。

㉗ 参见杨国桢：《闽在海中》，江西高校出版社1998年版。

㉘ 参见〔明〕陈侃：《使琉球录》卷下《群书质疑》，续修四库全书本。

㉙ 参见〔明〕黄洪宪：《碧山学士集》卷一四《复养乾给事》。按，在这封写给崇业的信中，语有“未行（琉球）而上（书），疑为身谋”，或指当时崇业因上书反对张居正被处罚，不得不离开言谏之任的舆论。

㉚ 按，笔者据萧崇业《航海赋》原文译出，该《赋》首载萧崇业、谢杰《使琉球录》卷下《艺文》。

㉛ 参见《明实录·神宗实录》卷五二。

㉜ 参见〔明〕萧崇业、谢杰：《使琉球录》卷上《造船》。以下有关造船和航海使琉事，凡不另注出处者，皆据此书改写。

㉝㊇ 〔明〕谢杰：《琉球录撮要补遗》，载〔明〕夏子阳、王士祯：《使琉球录》。

㉞ 参见〔明〕萧崇业、谢杰：《使琉球录》卷上《用人》。

㉟ 参见〔明〕萧崇业：《航海赋》，语有“问轶事于故游；鸠黎人以经始”。

㊱ 〔明〕萧崇业、谢杰：《使琉球录》卷上《用人》，按，伙长以下不记名。

㊲83 84 参见〔明〕萧崇业：《航海赋》。

㊳ 参见〔清〕徐葆光：《中山传信录》卷一引〔明〕谢杰：《日东交市记》。

㊴53 58 68 70 85 〔明〕谢杰：《琉球录撮要补遗》。

㊵ 〔明〕萧崇业：《广石庙记》，载萧崇业、谢杰：《使琉球录》卷下《艺文》。

㊶ 〔明〕萧崇业、谢杰：《使琉球录》卷首。

㊷ 〔明〕萧崇业：《梅花开洋》，载萧崇业、谢杰：《使琉球录》卷下《艺文》。

㊸ 〔明〕萧崇业、谢杰：《使琉球录》卷首《琉球过海图》，卷上《使事纪》等。

㊹ 参见〔明〕谢杰：《琉球录撮要补遗》。

㊺ 〔清〕周煌：《琉球国志略》卷七，续修四库全书本。

㊻ 〔明〕谢杰：《使琉球录·艺文·见山谣》，载萧崇业、谢杰：《使琉球录》卷下《艺文》。

㊼ 〔明〕萧崇业：《使琉球录·艺文·见山谣》，载萧崇业、谢杰：《使琉球录》卷下《艺文》。

㊽ 参见〔清〕徐葆光：《中山传信录》等。

㊾ 参见〔清〕徐葆光：《中山传信录》卷一。

㊿ 见〔明〕萧崇业、谢杰：《使琉球录》卷下《群书质异》，萧崇业：《航海赋》等。

51 参见《大明会典》卷五六《诏敕至王国》，续修四库全书本。

52 〔明〕萧崇业：《故事迎》，载萧崇业、谢杰：《使琉球录》卷下《艺文》。

㊴ 参见高关中：《日本风土大观》，当代世界出版社2001年版。

㊵ 〔明〕萧崇业：《王致词清辩虽其臣素通汉语者不能过口占一绝》，载萧崇业、谢杰：《使琉球录》卷下《艺文》。

㊶ 〔明〕萧崇业：《洒露堂说》，载萧崇业、谢杰：《使琉球录》卷下《艺文》。

㊷ 〔明〕谢杰：《洒露堂说》，载萧崇业、谢杰：《使琉球录》卷下《艺文》。

㊹㉖ 〔明〕萧崇业：《漫兴》，载萧崇业、谢杰：《使琉球录》卷下《艺文》。

㊺㊿⑦①⑦③ 参见〔明〕萧崇业、谢杰：《使琉球录》卷下《群书质异》。

⑥① 〔明〕萧崇业：《中秋燕集》，载萧崇业、谢杰：《使琉球录》卷下《艺文》。

⑥② 〔明〕萧崇业：《海月吟》，载萧崇业、谢杰：《使琉球录》卷下《艺文》。

⑥③ 〔明〕萧崇业：《水亭观龙舟》，载萧崇业、谢杰：《使琉球录》卷下《艺文》。

⑥④⑥⑤⑥⑥ 〔明〕萧崇业：《水亭观龙舟》。

⑥⑦ 〔明〕萧崇业：《九月九日游东寿寺》，载萧崇业、谢杰：《使琉球录》卷下《艺文》。

⑦② 按，据谢方先生校注明人黄省曾：《西洋朝贡典录》，翠麓、大琦、斧头等山均在我国台湾，不在琉球。如“大琦山”，即今高雄的“打狗山”；“斧头山”即今安平的“虎头山”等。

⑦④ 〔明〕萧崇业：《琉球过海图跋语》，载萧崇业、谢杰：

《使琉球录》卷首。

⑮ 〔明〕萧崇业：《琉球过海图跋语》。

⑰ 〔清〕徐葆光：《中山传信录》卷三。

⑱ 〔明〕萧崇业：《却金行》，载萧崇业、谢杰：《使琉球录》卷下《艺文》和多种明清临安府、蒙自县地方志之《艺文志》。

⑲ 〔清〕周煌：《琉球国志》卷一五引杜麟焻《中山竹枝词》第一首。

⑳ 〔清〕周煌：《琉球国志》卷八《胜迹》。

㉑ 参见〔清〕徐葆光：《中山传信录》，〔清〕周煌：《琉球国志》卷一六《志余》。

㉖ 《列仙传》卷上："琴高者，赵人也。以鼓琴为宋康王舍人。行涓、彭之术，浮游冀州、涿郡之间二百余年。后辞入涿水中取龙子。与诸弟子期曰：'皆洁斋待，于水旁设祠。'果乘赤鲤来，出坐祠中。旦有万人观之。留一月余，复入水去。"

㉗ 按，以上各段，笔者均据〔明〕萧崇业：《航海赋》译出。

㉘ 参见李国祥主编《明实录类纂》之《涉外史料卷》，武汉出版社 1991 年版；又《明实录》相关纪年等。

㉙ 参见雍正《福建通志》卷四三《人物传 · 谢杰》。

㉚ 《明实录 · 神宗实录》卷一三四。

㉛ 参见〔明〕吕维祺：《四译馆定馆则》卷六，续修四库全书本。

㉜ 《明实录 · 神宗实录》卷一四三。

㉝ 参见《明实录 · 神宗实录》卷一三零。

⑭ 〔明〕黄洪宪：《明南京都察院右都御史建水萧公神道碑》。

⑮ 参见《明会要》卷六三《江防》，续修四库全书本。

⑯ 据《明实录 · 神宗实录》卷一六七。

⑰ 〔明〕吴中行：《赐余堂集》卷十《送萧中丞剩亩移疾》，四库全书存目丛书本。

⑱ 雍正《续建水县志》卷九《乡贤传 · 萧崇业》。

⑲ 乾隆《蒙自县志》卷四《人物 · 萧崇业》。

⑳ 按，崇业生卒没有确切记载，笔者据〔明〕黄洪宪：《南京都察院右都御史建水萧公神道碑》推断。

(101) 见雍正《续修建水州志》卷七《乡贤 · 萧崇业》。

(102) 嘉庆《临安府志 · 杂记》。

(103) 〔明〕吴中行：《赐余堂集》卷十《御史大夫萧乾养德赞》。

(104) 参见杨丰：《萧崇业出使琉球事及〈却金行〉记》，载《云南文史》2001 年第 3～4 期合刊。

(105) 《明实录 · 神宗实录》卷二三八、二三九。

(106) 参见〔明〕夏子阳、王士祯：《使琉球录》。

(107) 参见杨亮功等编：《琉球历代宝案选录》上册，台湾开明书店 1975 年版。

(108) 《崇祯长编》卷二一，载李国祥主编：《明实录类纂》之《涉外史料卷》，武汉出版社 1991 年版。

(109) 《崇祯长编》卷一六，按，崇祯朝无《实录》，《崇祯长编》即为该朝“正史”。

(110) 参见光绪《鹤庆府志》卷三二《艺文志》引〔明〕程嘉燧：《送上党郡侯杨公入觐》。

⑪ 见光绪《鹤庆府志》卷三二《杂俎》。

⑫ 胡靖：《琉球记》，载《国家图书馆藏琉球资料汇编》上册，北京图书馆出版社2000年版。

⑬ 诏书题为《册封琉球国王敕谕》，为罗振玉先生家藏档案。转引自刘传录：《明进士杜三策册封琉球王》，载《大众日报》2012年10月29日。

⑭ 胡靖：《寿杨大行》，载胡靖：《琉球记》。

⑮ 胡靖：《琉球记》。

⑯ 见民国《鹤庆县志》卷九上《宦绩 · 杨抡》。

⑰ 并见康熙《鹤庆府志》卷二三《冢墓》、民国《鹤庆县志》卷一下《邱墓》。

⑱ 〔明〕杨方盛：《梅天淬琉球刀有怀光禄》，见康熙《鹤庆府志》卷二六《艺文》。按，此诗略据徐渭：《琉球刀二首》点化而成。见《徐渭集》第一册，中华书局本。

⑲ 参见刘晓峰：《琉球1875》，载鞠德源：《钓鱼岛正名》，昆仑出版社2006年版。

⑳ 以上“分岛改约”事参见李鸿章：《李文忠公全集 · 译署函稿》卷八。转引自王芸生：《六十年来中国与日本》，三联书店1979年版。

㉑ 《凤凰资讯网》载《琉球——东海珍珠的前世今生》。

后　记

书稿杀青后，本不打算再写什么后记了。但几天之后，觉得有几位与本书有关的朋友必须感谢。一是学友刘景毛教授和许新民副教授，他们先后为我用电脑检出《明实录》中高度分散的几条有关萧崇业的重要史料；二是云南大学罗勇博士，他为我找到有关杨抡出使琉球的一种新史料。如果没有他们的帮助，萧崇业和杨抡的故事就更显单薄。

我由此感慨历史的复原的确不是一件容易的事。

远在1989年，我偶然从地方志中读到萧崇业的《航海赋》，对这位自郑和之后第二位滇籍外交使节很感兴趣，因撰文介绍之。但当时并未读到有关崇业使琉的核心史料——萧著《使琉球录》，非常遗憾。直到1997年，才在南开大学图书馆读到此书，又复撰文补说之。窃以为对萧崇业的情况恐怕掌握得差不多了。于是这次就主动报名来讲他的故事。

殊不知情况并不乐观。尽管《使琉球录》和《航海赋》可以大体解决萧崇业出使琉球之事，但这只不过是他历时半年的一趟差事。作为传记，此前此后他还有许多重要的业绩需要恢复，于是又将萧崇业唯一的一篇墓文，逐一对应到《明实录》、地方志、萧氏交游诗文等有关记载中，努力将墓文中似是而非或非常概略的记载，与真实丰富的历史背景有机地结合，才逐渐使传主的形象更加清晰和丰满起来。

意外的惊喜和收获是，在研究萧崇业使琉的过程中，发现明代云南鹤庆人杨抡，也曾以国家副使的身份出使琉球。对此，晚近云南学界几乎无人关注。但遗憾的是，杨抡的材料比萧崇业的少得多，目前只能附说于萧传之后。更多史迹则有待今后进一步发掘。又偶读《滇系》，发现作者师范非常重视郑和、萧崇业和杨抡三位外交大使的事迹，且很有史识。他比我们更早地从人杰地灵的角度，为滇人的杰出做出了“大山精神”的诠释。我欣然将其识诸简端。希望说明，历史研究不但要善于复原真实的历史事实，而且还要善于复原真实的历史精神。

最后，我还要感谢云南人民出版社责任编辑冯琰老师。这是我们的第二次合作。我所撰第一部有关云南的书是《云南考试史》上卷，冯老师即担任该书责编。工作交往中，感到她是一位非常专业和敬业的优秀编辑。她辛勤劳作，纠谬订讹，为拙著扫除了诸多错误。感谢本书的责任校对解彩群，她工作专精、认真细致，同样为本书做出了很大贡献。虽然如此，因本人学识疏陋，本书还难免存在不少问题，唯望方家和读者多加教正了。

朱端强谨识于悔不孝斋

2013 年中秋